▲ 좌부터 평론가 문덕수, 김우종, 신동한, 이명희(저자)

◀ 첫 수필집 평설
신동한(문학평론가)

◀ 어머니 방경님 권사,
　(1992년 산프란시스코)

◀ 큰오빠 이창복 장로
　(1953년 미국)

◀◀ 정동교정 하복

◀ 정동교정 동복

▲ 조경희 장관 취임 축하

◀ 김동리 회장님과

▲ 한국수필낭독회

▲ 터키 이스탄불에서 홍성유 소설가와

◀ 스위스에서 Y 스테프와

▼ 문학평론 시·역사소설가. 〈조선왕조 500년〉, 〈두고온山河〉 작가

읽으면서 잔잔하고 감칠맛 도는 문장에 읽는 내내 행복했습니다.

나宣 추봉령 회장

◀ 박재삼 시인 인촌상 수상식에서

◀ 황순원 소설가 사모님

▲ 한국 터키문학세미나에서 홍성유 회장님과 함께

▲ 벨기에 E.C 대사관저. 중앙이 대사 부인. 저자(우측)

▲ 모스크바 푸쉬킨 거리에서

▲ 대한민국문학상. 좌부터 소설가 김녕희, 윤병로 수상자와 이명희(저자), 신동한 평론가

▲ 덴마크 코펜하겐 안델센 동상 앞에서

서울YWCA 7·8

Seoul Young Women's Christian Association

1999

7월 공동기도

주님. 우리 가운데
정의가 강물처럼 흐르고,
서로 위하는 마음
개울같이 넘쳐 흐르게 하소서.
아멘(암 5:24)

새 희망, 문을 활짝 열다

▲ 초대가수 인순이

테이프 커팅: 내빈과 서울Y 임원진이 92돌 준공을 기념하는 테이프 커팅을 하고 있다. 왼쪽부터 이영자 부회장, 임무순 현대건설 부사장, 강병훈 고문목사, 박정희 건축기성회장, 고 김 서울시장, 이행자 회장, 대통령 부인 이희호 여사, 박기병 문화관광부 장관, 강기웅 여성특별위원회 위원장, 이주영 작전생장, 김정정 정립건축 회장, 이영숙 부회장

▲ 서울 YWCA

▲ 서울 YWCA 청소년보호단 재무부 공훈상 수상(세종문화회관). 저자(좌에서 다섯 번째)

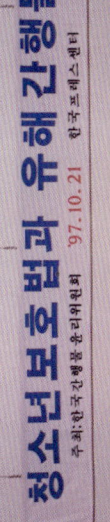

▼ 우수만화작가상 제정. 서울 YMCA. 저자(최측)

▼ 청소년보호법과 유해간행물. 저자(우에서 두 번째)

▲ 한국간행물윤리위원회 전문심의위원.
   좌측 - 이태동 평론가와 권혁승 위원장.(프레스센터 세미나에서)

▲ 총회·이사 당선자 축하(임기 4년, 직선제)

◀ KBS TV 방송토론

◀ 박종화 은사님 내외분 과 소풍

◀ 어느 한때의 휴식

◀ 헝가리 리스트 동상 앞에서

◀ 한국 애국가를 연주하는 상트페테르부르크 관현악단

◀ 알개(조흔파) 추억전. 정명숙 수필가(부인)와

▲ 스페인 발라가 표지화 현장

▲ 하와이 와이키키에서

▲ 라인강 크루즈에서

◀ 영랑문학상 시상식에서.
저자(하단 좌측)

◀ 김규동 시인댁에서.
저자(중앙)

◀ 78th 국제PEN한국본부 이길원 이사장과 차인태 아나운서

▲ 비엔나 요한스트라우스 금동상 앞에서

▲ 김영중 LA문협 회장과

▲ (뒷줄) 홍찬순, 이희자, 이길원, 문국현, 문효치, 김유선
  (앞줄) 이명희, 조병무, 김후란, 이명박, 윤병로, 한분순

▲ 좌 고임순 수필가, 중앙 이명희(저자)

◀ 한양대 문리대 교정에서

이명희 수필집

행복이 드는 길

이명희 수필집

행복이 드는 길

순수

◆ 책머리에

가로등에 부서져 내리는 빗속을 걸어가는 사람들,
그 음향을 색채화 하는 것이 예술이다.
차가운 현실을 살짝 비켜, 관조하고 사색할 때
수필은 그 맑은 얼굴을 들어내게 된다.
시대는 삶의 배경이다.
날로 확대되어가는 이 시대를 살아가는,
한 개인의 삶을 묘사하고 싶어서, 나는 글을 쓴다.

아름다운 수필집을 만들어 준, 박영하 주간님께 감사드린다.

이명희

목차

- 평설 _ 신동욱 ·· 214
- 평설 _ 이명재 ·· 215
- 평설 _ 이태동 ·· 226
- 책머리에 ·· 27

1부 시인의 선물

장미와 그 왈츠 ·· 35
봄과 에스프레소 ·· 37
FIFTY, 그 이방인 ······································ 41
엉겅퀴와 흑맥주 ·· 44
봄과 낭만 그리고 넥타이 ···························· 47
시인의 선물 ·· 50
도시의 벤치 ·· 53
자작나무 숲과 애국가 ································ 56
카페 프랑스 ·· 60
작가의 여행 가방 ······································ 64
길가에 앉아서 ··· 67
슈즈 리페어 ·· 70

이명희 수필집
행복이
드는 길

2부 **행복이 드는 길**

삶과 그 사랑	77
행복이 드는 길	80
겨울 N 窓	84
名士, 그 기억의 램프	88
가던 길 앞에 있네	92
첫사랑 연가	96
삶의 발자국	100
a way, 스마일	104
행복한 오후	108
"그러려니…."	111
겨울이여 안녕	113

3부 고향, 그 交響詩

장벽, 그리고 Ostern!	119
고향, 그 交響詩	122
명동 이방인	128
비창悲愴	132
그해 최고의 날	136
어머니의 기도	141
백두산 노정, 숭늉맛	145
벼가 익을 때	148
파란 풀꽃이 어울리던 조경희 선생님	151
가을의 그 칸타레(Cantare)	154
아파트 도어	157
편견을 넘어서	161

이명희 수필집

행복이 드는 길

4부 겨울 드로잉

겨울초대 · · · · · · · · · · · · 167
겨울 드로잉 · · · · · · · · · · 170
내 인생의 등불 · · · · · · · · 173
딸이 딸에게 · · · · · · · · · · 177
'헌 것이 있어야 새 것이 있느니라' · · · · · · 181
연탄난로 · · · · · · · · · · · · 184
인사동 가고 싶은 날 · · · · 188
가을과 하얀 민들레 · · · · 191
그 시선 · · · · · · · · · · · · · 194
긴자의 가을 · · · · · · · · · · 198
1인 테이블 · · · · · · · · · · · 200
작품 구성의 리듬 · · · · · · 204
박은혜 교장 선생님의 추억 · · · · · · · · · · 207
태양의 윙크 · · · · · · · · · · 210

1부
시인의 선물

장미와 그 왈츠

숲이 바람을 만나면 음악이 된다.
모든 음향은 예술이다. 시와 노래, 그 곳에서 문학의 산책로를 본다.
빈, 그 도시 중심에 있는 시립공원(stadtpark)에는 하얀 명찰을 단 장미 숲이 있다. 꽃이 아닌…, 알리사, 시몬 등 사람들의 이름이다. 그 화려한 장미나무들은 시민이 기증한 것이다. 그래서 더욱 내 정원 같은 휴식처로 사랑받는 공원이 됐다고 한다. 붉은 장미 향기에 취해서 걷다 보면 왈츠의 황제, 그 바이올린을 든 요한 스트라우스의 금빛동상과 마주하게 된다. 숲의 절정이다. 다뉴브강의 지류가 비엔나의 시내로 흘러 들어오는 산소 같은 공간의 미학이 그 곳에 있었다.
"나무가 자라면 공중의 새들이 와서 그 가지에 깃드느니라."
-바이블
키가 큰 참나무들과 너도밤나무, 호두나무로 울창한 인공 궁전공원은 여황제 마리아 테레지아가 조성한 것이다. 모든 세계 사람들이 모여드는 비엔나의 배경이다.

다행인 것은 서울에도 10여 년 전에 「문학의 집 서울」, 문인들과 서울시와 기업이 뜻을 모아 서울 시민의 숲을 만들었다. 이제는 꽃도 피고 나무 그늘을 거닐 수 있는 공원으로 성장하고 있다. 사실 그 곳은 유래가 있는 곳이다. 한강변 미사리에는 무성한 밤나무 숲이 있어 여름이면 청소년들이 캠핑을 많이 다녔다. 그 때 꽃을 따다 주던 친구가 그립다. 교회학교 수양회였다. 당시는 남학생 여학생이 함께 캠핑을 갈 수 있다는 것은…, 어른들의 동행 조건이었다.

강물과 숲을 따라 노도 없이 흘러가는 나룻배에서 바라보는 달빛은 연인이고 시였다.

미국작가 월트 휘트먼의 「현관 앞마당에 마지막 라일락꽃이 필 때」, 에디뜨 피아프가 부른 「장밋빛 인생」은 그 서정적인 시와 노래 이면에 흐르는 삶의 엘레지가 묻어 있다. 시대는 그 개인의 배경이다. 미국의 남북전쟁, 세계대전이 그렇다.

고운 꽃잎과 가시가 있는 장미는 사랑의 기쁨과 슬픔의 상징적 워드다. 가끔 생각한다. 인생의 앵글은 '기쁨, 기쁨, 슬픔'일까, 아니면 슬픔, 그 박자가 더 긴 것일까. 그 주관적 의문은 배제하더라도 삶은 자연이고 장미와 왈츠다.

봄과 에스프레소

봄은 추위도 겨울은 아니다. 꽃샘바람은 생명을 틔우는 봄의 소리다.

봄은 문학이다.

헤이리로 가는 길목, 북카페였다. 사방이 확 트인 모던한 인테리어가 인상적이다.

"에스프레소 한 잔요."

"?……, 그 커피는 양이 아주 적은데요."

"알아요."

나이가 보이는 곱살한 여인이 천천히 카운터로 사라졌다.

'오렌지 꽃향기는 바람에 날리고……'

시칠리아의 선율이 흐르는 아늑한 공간과 에스프레소, 그 진한 향이 좋다.

10여년 전만 해도 에스프레소는 일반적인 매뉴얼이 아니었다.

낯선 것을 받아들이는데 인색한 사람들, 그것이 우리의 모습이다.

인간의 생명은 발전이다. 새로운 것과의 만남, 그것이 변화고 융합이다.
　영국황실의 예식에는 네 가지 기본 구색이 있다고 한다. 빈티지, 렌트, 새것, 블루, 이것은 한 시대를 살아가는 사회 구성의 상징이다.
　"정책보다 포퓰리즘이라니…", 대처 수상의 말이다. 기본이 흔들리는 시대의 모순을 지적하고 있는 것이다. 정치판만의 문제는 아니다.
　이 봄에도 문단에는 많은 신인들이 나올 것이다. 시인, 수필, 소설가라는 이름을 달고~. 그러나 그들에겐 설 자리가 없다. 수상도, 고료도 경력이라는 높은 벽이 가로막고 있기 때문이다. 기발한 모순이다.
　얼마 전 어느 젊은 화가는 허름한 공장 창고를 빌려서 간판을 걸었다. 〈커먼센터〉, 매해 쏟아져 나오는 신인들의 작품을 그저 걸어주고 싶었단다. 이것이 우리 문학예술의 현주소다.
　예술은 작품으로 말한다. 창작과 시간은 정비례하는 것일까. 예술이라는 장르만큼 신동의 에피소드가 많은 분야도 드물다. 쇼팽은 자신의 연주를 그대로 모방하는 문하생은 집으로 돌려보냈다. 어린 제자의 새로운 연주 스타일을 보고 싶었던 것이다.
　세계는 빅뱅시대, 우주 프로그램, 그 스페이스에서 우리는 분초를 다투는 변화 속에 살고 있다. 신상품의 가속화가 그렇다.
　카톡세대는 진부한 것을 거부한다. 어느 고등학교 교장님의 문자 표기다.
　'ㅋ.ㅎ^^', 초대에 대한 답이다.

아니면 학생들과 필이 통하지 않는다는 것이다. 문어 표기의 기상 이변이다.

문학은 문인, 아니 사람은 문화예술의 핵이다. 문학작품은 모든 예술 장르의 모티브가 된다.

셰익스피어의 문학은, 연극, 오페라, 영화, 음악으로 그 빛을 더해 가고 있다. 「오셀로」, 「맥베스」, 「로미오와 줄리엣」 그리고 멘델스존이 오페라로 올린 「한여름밤의 꿈」은 웨딩마치로도 유명하다.

450년이 넘도록 그의 작품이 인기가 있는 것은 기발한 내용과 읽을수록 새로운 맛을 주는 10여만 개의 독창적인 어휘와 낯선 신조어 때문이다. 그가 태어난 잉글랜드의 스트랫포드 마을 교회에는 셰익스피어의 출생, 세례 증명서가 나란히 프레임 되어 있었다.

문단은 어렵다. 밥이 안 되는 시를 쓰는 자신을 개탄하던 박재삼 시인의 가난한 모습을 곁에서 보며 먹먹했던 기억이 난다. 그래도 그때는 쥐꼬리만한 원고료라도 받은 날은 한 잔의 술로 자축을 했다고 한다. 원고료 지원 제도가 재생돼야 한다. 그 때나 지금이나 문학잡지를 꾸리는 일은, 우선 제정이 어렵다. 그런 의미에서 출판 잡지 발행인들이야말로 문단의 숨은 공로자다.

"천국은 새것과 옛것을 그 곳간에서 내 오는 집 주인과 같으니라." -「성서」

젊은층의 창작의욕을 터치할 수 있는 참신한 문단혁신, 절실한 때다.

에스프레소는 카페인 도수가 낮다. 비법은 급속내림 때문이다. 우리의 상식이 늘 맞는 것은 아니다. 낯선 것을 주목해야 하는 이유다.

탈고 후 에스프레소 한 잔쯤은 살 수 있는 예우를 하는 것이 문화인의 품격이다. 선진 문화예술의 저항을 부르는 궁색한 규정보다는 「재능기부」 사이트를 클릭하는 것이 어떨까.

봄은 추워도 꽃눈이 있다.

FIFTY, 그 이방인

"이탈리안?"
"…FIFTY!",
벨지움과 독일 접경지역, 호텔 피자 팝이었다. 검은 눈썹에 눈이 커다란 웨이터가 빨간 메뉴판을 들고 머뭇거리며 말했다. 이어서…,
"리꼬(RICO)", 리드미컬한 목소리,
맛있다는 그의 스페니쉬 억양에서 어머니와 아버지, 어느 한편은 스페인 사람일거라는 짐작이 갔다. 어느 쪽일까 궁금했지만 묻지 않았다. 촛불이 가물거리는 테이블에 그가 권하는 야채 피자와 스파클링 글라스를 세팅하는 그의 모습이 멋있고 행복해 보였으니까….
이태리풍의 실내장식과 여행객들의 헤어 컬러가 이방인의 밤을 지워가고 있었다.
알베르 까뮈의 '이방인'이 생각난다. 까뮈는 프랑스인 아버지와 스페인 어머니 사이에서 프랑스 식민지 알제리아에서 태어났다. 그는 이방의 거센 바람과 태양, 그 갈등 구조 속에서 자유로운 영혼을 구가하며 상식적인 정서이탈자의 모습을 보인다. 태양이 눈물을 말린 것일까.

오늘의 유럽은 나라마다 국적 불명의 사람들로 흘러 넘쳤다. EU, 그 유럽연합이라는 파워는 모든 국경의 문을 화알짝 열어버렸다. 자유로운 출입이 주는 그 해방감은 상상을 초월했다. 국가와 국가 사이를 이웃 마을 마실가듯 드나들 수 있다는 믿기지 않는 현실감. 네델란드, 쾰른, 파리, 룩셈부르크까지 그 어느 도시에서도 영어, 불어, 스페니쉬가 혼용되고 있었다. 특히 근간에 눈에 띄는 것은 중국인들이 가는 곳마다 보였다는 것이다. 好看하오칸…

이미 한국도 인구조성이 변모하고 있다. 다문화가족, 조선족 그리고 새터민, 이제 그 용어도 패기 처분해야 할 때가 아닐까. 선을 긋는 편견, 지워야 한다. 하나의 한국인, 같은 하늘을 보며 살아가는 사람들에게 더 이상 지역의 의미는 없다.

이렇게 급변하는 사회 구성인의 배경 속에서 우리의 문학 또한 그 시각의 폭이 확대되어야 할 것이다. 특히 지엽적인 지역 정서 토착에서 탈출해야 하지 않을까. 동서남북, 그 한계, 동서 문화의 벽은 이미 사라지고 있다.

K-POP에 열광하는 서구 사람들, 그 동영상에는 인종, 언어, 패션, 예술의 라인이 곡선으로 변주 됐음을 본다. 문학 역시 그 무대는 세계가 돼야 할 것이다. 공감하는 인류는 아름답다.

인류사회에 있어서 나라, 민족의 경계선, 그 내쇼널리즘이 가장 허물기 어려운 문제였다. 이제는 경제소통이 구심점이 되면서 문화, 예술, 환경에서 인권에 이르기까지 글로벌 관심사가 되었다.

한반도의 FIFTY, 그 아픈 현실은 우주의 시각으로 본다면 우리는 모두 가엽다. 예수는 유대인이 다니기를 꺼리는 사마리아 힐링여행을 다녔다. 스스로 이방인이 된 것이다. 사람! 그 본질을 사랑한 것이리라.

미국 어느 스포츠 스타의 인터뷰다.

"이번 경기에도 금메달, 자신 있습니까?"

"……, 50%는 신의 영역이니까요."

그의 밝은 음성이 인상에 남았다.

비로소 황사 미세먼지의 50%가 국내산이라는 뉴스가 나왔다. 남의 탓에 급급한 속보, 부끄러운 일이다.

파리도 미세먼지 안개가 있다. 온난화로 인한 수림고사, 사막화는 지구문제다.

누구 때문이 아니다. 거시적인 면에서….

서로를 모르는 사람들, 아니 그대로 어울려서 좋은 이방, 브뤼헤의 와플을 나누며 각자의 언어로 웃고 떠들고 눈빛으로 알아채는 그래서 더 재미있는….

"Ca va bien 싸바비앙"

"안녕!"

국경 없는 샴페인의 밤…,

이방인은 없다.

엉겅퀴와 흑맥주

　엉겅퀴는 투명한 겨울 하늘빛이다.
　바늘꽃이처럼 동그란 꽃은 스코틀랜드의 국화다. 깊은 밤 성벽을 기어오르던 적병 스파이가 엉겅퀴 가시에 찔려 지르는 비명 소리를 듣고 즉시 적군을 물리칠 수 있었다고 한다. 나라를 구한 꽃, 그 엉겅퀴는 붉은 장미보다 귀한 스코틀랜드의 파란 장미다.
　끝없는 초원의 침묵을 흔드는 푸른 엉겅퀴는 에든버러의 대문호 월터 스콧의「아이반호」를 상기시킨다.
　친절한 스코티쉬, 푸짐한 로스트비프, 양배추요리와 스카치향은 헨델 교향곡「스코틀랜드」-, 낭만에 젖어들게 했다.
　안개와 흑맥주의 나라, 아일랜드 시인 윌리엄 예이츠(노벨문학상 수상자)의 시다.

　…나는 잔을 들고
　그대를 바라본다

그리고 한숨을 짓는다.

그의 「드링크쏭」에는 아이리쉬 역사의 애환이 녹아 있다.
제임스 조이스의 「젊은 예술가의 초상」 그 혼이 살아 숨쉬는 더블린은 이제 젊은이들의 도시가 되었다. IT, 전자산업으로 경제대국의 날개를 펴고 있다. 안개비가 내리는 골목 레스토랑에서 먹는 따끈한 알감자와 구운 쇠고기의 불맛, 그리고 원두빛 거품이 넘쳐흐르는 흑맥주 한 잔에 이방 나그네들은 친구가 된다. 그것이 아일랜드의 역사고 로컬 문화다. 사람과 전통, 그 소통 중심에는 음식문화가 있다. 현지식이 중요한 이유다.

외국 여행지 식당이었다. '장군의 아들' 저자, 홍성유 선생이 양고기를 들고 있었다. 그때 누군가 가방에서 꺼내 놓은 밑반찬을 사양하며 웃었다. "나는 지금 별미를 즐기고 있는 중일세…"

요즘 '꽃할배'가 화제다. 젊은이들이 크게 웃는다. 이유는 디지털시대를 살아가는 어른들의 근엄한 시행착오, 그 어이없는 구경거리 때문이다. 국제무대에 노출된 존경하는 어른들이 벌이는 민망한 촌극, 무거운 반찬통과 관절염, 그래도 못 말리는 아이 원트 고우~. 웃어도 눈물이 난다. 젊은 날의 엘레지, 그 아쉬운 여운을 본다.

스타는 준비된 주제의식이 꽃이다. 꼬레안 할배, 과연 꽃이였을까.

「미드나잇 인 파리」 그 영화는 잠들기도 아까운 파리의 밤을 묘사하고 있다.

한 시대, 예술가의 산실이 된 파리를 여행하는 미국소설가의 황홀한 타임슬립 판타지다. 몽마르트, 카페에서 꿈에 그리던 장 콕토, 헤밍웨이, 피카소, 달리, 그리고 드가, 고갱 등 전설적인 인물들이 살던 1920년대 전후가 배경이 된다. 예술가들의 황금기를 돌아보게 하는 타임머신 형식의 영화다. 아카데미 각본상을 받은 세계 화제작이다.

그것이 예술인들이 여행을 해야 하는 이유고 절대가치다. 식성食性의 고집은 여정의 짐이다.

프랑스 와인과 에스카르고(달팽이 요리)와 에디뜨 피아프의 샹송 「파리의 하늘 아래」를 듣고 먹고 마시고 걷는, 비 오는 파리는 아름답다. 나는 베레모를 샀다.

엉겅퀴와 흑맥주, 그것은 그 영토의 자연이고 문화 콘텐츠다. 잊히지 않는 색채다.

존재의 가치는 가벼운 것이 아니다.

워즈워드는 노래한다.

…꽃의 영광이여!~

봄과 낭만 그리고 넥타이

예술은 소박한 감탄으로 시작된다.
감격, 감사, 의분, 그 느낌표가 없으면 크로노스,
그저 흘러가는 시간 속에 문명도 문화도 존재할 수 없다.
또한 시는 언어의 발성이다. 노래이고 그림이고 춤이 되는 예술의 효시다.
"넥타이 감사합니다!"
어느 해 봄, 조병화 시인은 그의 시화집에 감사의 뜻을 적어 내게 보내 주었다. 그 넥타이는 두툼한 모직 올리브 그린, 스코틀랜드산이었다.
"윤 형, 그 타이 좋은데…!!"
윤 교수는 기분이 좋아서 집에 오자 시인의 말을 전했다. 그렇게 된 선물이다.
그 낭만 취향을 염두에 두고 외국 여행 중에 구한 것이다.
지식 정보 스마트 시대는 감격, 낭만이 없다. 눈의 좌우를 가린 말처럼 앞만 보고 뛴다. 주위엔 관심이 없다. 속도 경쟁으로 치닫는 문화 사회적 산물일까.

행복은 정서표현 상호작용에서 비롯된다. 즐거운 호흡이다.

돌이켜보면 새 옷을 입고 학교 갔을 때 "어머! 네 옷 참 예쁘다!" 말해 주었던 아이가 참 좋았다.

삶의 재미는 잔잔한 설렘이다.

기쁘게 해 주려고 선물도 사고, 장식도 정성껏 해 놓고 기다렸는데 아이가 덤덤하면 맥이 쭉 빠진다.

초대받은 손님이 즐거워하며 "이거 어떻게 만들었어요? 정말 맛있어요!",

"고마워요. 많이 드세요." 낭만적인 파티는 그렇게 상호 리듬을 타는 것이다. 행복은 기쁨과 감사의 네크리스다.

프랑스에서 유행된 넥타이는 17세기, 사열하는 크로아티아 용병이 목에 두른 빨간 스카프를 보고 루이 14세가 애용하면서부터 시작됐다고 한다. 얼마나 겸손한 모방인가. 지위고하가 배재된….

크로아티아 여인들은 행운을 기원하는 정표로 출병하는 연인 목에 붉은 천을 매어 주었다.

프랑스어로 넥타이는 크라바트, 그 어원이 짐작이 간다.

넥타이는 축하연 예복, 신사양복의 필수 액세서리가 됐다.

문화는 시간과 공간의 질서를 조율하는 과정이다. 긍정과 공감이 성립돼야 한다.

어느 시상식이었다. 한 문예창작 동아리 지도 선생이 자신의 문하생에게 공석상에서 문학상을 수여했다. 늘 사회의 가십에 오르는 장면이다. 자기 제자의 작품심사를 하는 것은 위법이다.

예능계 콩쿠르 입시 심사는 서로 다른 선생이 하거나 커튼을 친다.

작품보다는 멤버십이 있어야 하는, 축하할 수 없는 시상식, 아까운 수작들이 버려지는 문단 풍토가 한심스럽다. 그 선생의 근엄한 목에 맨 타이의 의미는 무엇일까.

작가 발자크는 글을 쓸 때도 보우타이를 맸다고…, 그것은 문학을 대하는 그의 겸비된 자세를 상징하는 것이리라. 세계적인 명작이 태어난 배경이다.

문학은 순수, 낭만, 정직이 그 모티브가 돼야 한다. 낭만은 노 더스트-, 투명한 심벌이다.

공감, 그 스파이크가 하이파이브다.

2002년 월드컵, 오! 필승 코리아, 그 승리의 환호성이 절정에 달했을 때 거리 중학생이 달려오며 손바닥을 마주 쳐 주었을 때, 그 기쁨은 지금도 잊을 수가 없다.

봄의 소리가 들리는 봄이다.

"참 보기에 좋았더라!"

하나님의 감탄이다. 창조물을 향한…,

오늘날의 지성인은 星田 같은 지식 정보를 융합하는 능력이다. 첨단 과학 기술이 인류행복에 기여 할 수 있도록….

삶의 가치는 기쁨을 주는 것, 감탄은 그 존재 가치에서 오는 느낌표！다

봄과 낭만은 시인의 감탄사!, Tie를 살짝 풀어 느슨하게 맨 시인의 낭만이 그립다.

시인의 선물

온통 창문이 에메랄드 그린 빛이다. 6월의 정원은 그렇게 투명하다. 어느 초여름 늦게 귀가하는 남편의 손에는 주홍빛 산나리꽃이 들려 있었다. '웬 꽃이-'. 남편과 꽃, 처음 보는 장면이다.

"조병화 선생님이 부인 주라고 한 송이 사주더군. 명동에서 저녁을 같이 하고 돌아오는 길에 꽃이 눈에 띄었어."

놀랍고 의외지만 시인의 선물이다. 자연이 주는 선물이라고 생각하니 나는 꽃물처럼 기쁨이 번졌다.

시골길 풀숲 사이로 수줍게 작은 주홍빛 얼굴을 내민 산나리꽃은 어린 시절 향수 어린 야생화다. 도시에선 잊고 있던 꽃, 그래서 더더욱 반갑고 그리움이 살아난다.

장미나 라일락이었다면 나는 얼굴을 붉혔으리라.

작은 산나리꽃 한 송이는 시인만이 줄 수 있는 낭만적인 선물이다.

남편은 조병화 선생님의 고향, 안성 편운재를 가끔 가곤 했다. 조 선생님은 커다란 밀짚모자에 파이프를 비스듬히 물고 그림을 그리셨다.

우리가 5월에 결혼한 것을 아시고 손수 그리신 '5월'이 주제인 유화를 주셨다. 연둣빛 고운 그림이다.

어느 해 늦가을 조병화 선생님은 우리 부부를 혜화동 자택으로 초대도 해 주셨다. 조연현 선생님, 김우종, 김윤식 문학평론가도 함께였다고 기억되지만 부부동반은 우리뿐이었다. 꼭 함께 오라는 당부가 계셨던 것 같다.

저녁은 중국식 풀 코스였다. 중국요릿집에서 불까지 가지고 와서 깔끔한 웨이터 복장을 하고 정중히 서비스를 하는 요즈음 유행하는 출장요리였다. 그 시절은 보기 드문 화려한 파티다. 특히 문인들에게는 대단히 사치한 저녁이었다.

그때는 출판기념회도 인사동 조그만 한식집에서 좁혀 앉아서 해야했다. 사정이 그랬다. 그래도 글 쓰는 사람들은 가난도 고독도 즐기며 사는 것 같았다. 그것이 삶이요, 예술이라고 생각하는 사람들. 그들은 행복한 발자국을 찍으며 사는 멋쟁이들이다.

다같이 어려웠던 70년대. 그렇게 윤택한 저녁을 누릴 수 있게 해 주신 조병화 선생님은 지금도 고맙고 잊을 수가 없다.

그 날 조 선생 댁을 나와서 택시를 타고 우리는 김우종 씨와 명동으로 갔다. 그러니까 2차다. 고급스러워진 기분으로 처음 생긴 명동 스카이라운지로 간 것이다. 차가운 맥주를 마시며 찍은 사진이 있다. 그 표정들이 아주 낭만적이다. 사진에도 눈빛들이 별같이 빛나 보였다.

우리 집에는 소중하게 간직하고 있는 뚝배기가 하나 있다. 선물로 받은 것이다. 가을이었다. 조병화 선생님이 주신 것이다. 그 날도 인사동에서 남편과 2차를 하고 오다가 리어카에 쌓인 밤색 뚝배기에 마음이 끌리신 것 같다. 어머니를 사랑하는 시인 조병화 선생은 그 날도 화롯불에 뚝배기 된장찌개를 올려놓고 아들을 기다리시던 고향 어머니가 그리워지신 것이리라.

가을과 뚝배기, 너무도 잘 어울리는 맛과 빛깔이다.

뚝배기가 그렇게 좋은 선물이 되다니-. 알밤처럼 매끄러운 뚝배기를 볼 때마다 마음이 순화되는 것을 느낀다. 뚝배기는 어머니의 추억이다. 기다림이요 그리움이다.

바람 불어 가랑잎 떨어지는 늦가을, 뚝배기 된장찌개를 맛있게 끓이고 친구를 불러 종일토록 앉아서 시인의 선물 이야기를 하리라.

자연은 시요, 시인은 자연이라고-.

도시의 벤치

봄눈이 꽃잎처럼 날린다. 사르르 녹는 솜사탕 같다. 3월의 거리는 공기도 사람도 가벼워 보인다. 자연의 해빙이 주는 화해의 연출 때문이리라.
밝은 봄빛이여, 나그네의 벤치에도-.

나는 이맘때면 어린 시절, 아버지의 지인知人 함경도 아저씨가 생각난다. 그는 긴 겨울 동안 우리 집 식객이 되었던 나그네였다. 날씨가 풀릴 무렵 그 할아버지는 단봇짐을 메고 골목길을 힘없이 걸어 나갔다. 고향 집으로 가신다고 했다. 그 아저씨는 머리가 희끗하고 늘 혈색이 없어 보였다. 그래서 나에겐 할아버지로 기억되기도 한다. 그 아저씨는 어느 해 봄에 고향을 떠나 서울에 왔다고 한다. 돈을 많이 벌어 가지고 오겠다고 가족과 약속을 한 것이다. 그러나 객지에서 고생 끝에 병까지 들었으니 무일푼으로 고향에 돌아갈 면목이 없어진 것이다. 해방 전후였다고 기억되지만 아무튼 식량이 어려울 때였다. 그때 아버지는 어디서 어떻게 그 아저씨를 모셔 왔는지 알 길은 없지만 눈발이 날리던 초겨울이었던 것 같다. 그는 늘 조용했다. 나는 그때 우리 식구들이 둘러앉아 밥을 먹던 둥그런 밥상에서 바라본 그 아저씨의 무안한 눈빛을 잊을 수가 없다.

그 날은 고구마 밥이었다. 나는 첫 숟가락을 뜨다 말고 밥을 밀어 놓았다. 밥이 씁쓸한 맛이 났다. 그때다. 아저씨는 눈치를 보며 작은 목소리로 "안 먹을 거냐? 내가 먹어도 되니?" 아저씨는 그 푸르죽죽한 썩은 고구마 밥을 달게 드셨다.

그 후부터 작은 오빠와 나는 어른들이 집에 없는 날에는 화롯불에 콩을 볶아서 할아버지께 드렸다. 노란 콩은 대나무 초롱에 있는 우리 집 비장품이다. 위에 무거운 짐이 올려 있어서 꺼낼 수가 없게 되어 있었다. 우리는 궁리 끝에 몇 알갱이씩 빼낼 수 있었다. 내가 가는 손가락으로 대나무 초롱 틈을 내면 작은 오빠는 핀셋으로 콩알을 한 알 한 알 꺼내었다. 그리곤 유성기 바늘 생철통에다 콩을 서너 알씩 볶아 한 움큼이 되면 할아버지께 갖다 드리곤 했다. 그 때마다 할아버지 눈가에 겨울 햇빛같이 지나가던 엷은 미소가 지금도 내 가슴에 아리게 남아 있다.

요즘은 어느 때보다도 멀리 고국을 떠나 일거리를 찾아온 이방인과 고향집을 나온 도시의 나그네가 많아졌다 거리를 지날 때마다 뭔가 죄스러운 마음이 든다.

찰스 디킨스의 명작소설 〈데이비드 커퍼필드〉 얘기다. 주인공이 생면부지의 도시, 런던 거리에서 겪는 슬픈 얘기가 생각난다. 춥고 허기진 커퍼필드의 지친 발자국은 상처투성이였다. 그의 외로운 눈빛이 더 가슴을 저리게 했다.

나그네는 늘 몸도 마음도 목이 마르다. 그래서 우리나라 소설에는 주막이 많이 등장하는가 보다. 푸근한 주모가 퍼주는 국밥 한 사발은 언제 보아도 흐뭇하다.

"문전 나그네 흔연대접欣然待接이라."

아버지가 늘 하시던 말씀이다. 문자는 몰랐지만 내 집에 온 손님은 잘 대접해야 한다는 뜻으로 알고 자랐다.

대구 피난시절, 우리 집에는 20여명의 식객이 있었다. 어느 겨울 아버지는 내복을 잔뜩 사 가지고 오셨다. 그러나 우리 식구 것은 없었다. 나그네는 추위를 더 타게 마련이라고…. 그들의 밥주발은 늘 수북했다.

봄이 되어 우리 집 전쟁 나그네들은 떠났다. 그 중 젊은 청년은 올 때 가져온 조그만 쌀자루를 달랑 메고 가버렸다. 나는 한동안 그가 염치없는 사람으로 기억되었다.

오랜 세월이 흘렀다. 영화 〈피아니스트〉에서 나치에게 쫓겨 숨어 지내는 주인공 스필만이 엄숙하게 들고 있던 싹 난 감자 한 알이 클로즈업되던 장면을 잊을 수가 없다. 허기에 지친 피아니스트의 가늘고 긴 손가락은 떨리고 있었다. 대여섯 알 쯤 되는 콩을 냄비에 넣고 물을 붓던 그의 눈빛은 처절했다. 그에게 남은 마지막 식량이다. 전쟁에서 가장 절실한 것은 식량이다. 아버지의 분신처럼 차고 다니던 손목시계도 삶은 고구마 몇 알과 바꾸어 먹으며 눈물을 삼켰다는 어느 유명한 분의 이야기가 실감난다.

꽃눈이 손을 흔들어 긴 겨울에 안녕을 고하고 있다. 이 차가운 도시, 나그네의 벤치에도 봄빛이 따스하기를-.

자작나무 숲과 애국가

　모스크바에서 밤 기차를 타고 상트페테르부르크 역에 내렸다. 이른 아침 실비가 내리는 거리는 조용했다. 깨끗하게 정돈된 간판들이 눈에 들어왔다.
　노란 우산형 공중전화박스, 그림이 걸린 버스 정거장, 그리고 일정한 디자인으로 나란히 세운 작은 삼각형 모양의 유리로 만든 꽃집은 거리의 예술이었다. 투명한 글라스 벽으로 비치는 컬러풀한 꽃들이 상쾌했다. 그것은 아름다운 거리관광 서비스가 됐다.
　버스를 타고 여름 궁전을 향하여 달렸다. 비가 계속 내렸다. 6월의 가로수 잎 사이로 스쳐 가는 러시아의 정경은 이채로웠다. 오래된 아파트들 사이로 교회 지붕들이 보였다. 십자가가 달린 청색 돔은 이삭성당이라고 했다. 의외였다. 교외에는 왕이 사냥을 가다가 들려서 예배를 드렸다는 아담한 교회도 있었다. 역사와 종교 그 문화가 잔존하고 있었다.
　가로등이 늘어선 다리, 표정 없는 사람들, 강가에 늘어선 침울한 건물들을 보면서 도스토예프스키의 〈죄와 벌〉을 생각했다. 소설을 읽으며 상상했던 배경과 비슷했기 때문이다. 우산을 받쳐들고 가로등 밑에 서 있는 젊은 여인은 '소냐' 처럼 보였다.

시내를 벗어나서 얼마쯤 갔을까. 자작나무 숲이 나왔다. 우리 일행은 버스에서 내렸다. 그 때다. 애국가가 웅장하게 퍼졌다. 영문을 모르고 두리번거리던 우리는 또 한 번 놀랬다.

빨간 테가 둘린 흰 모자를 쓴 제복 차림의 관악대가 우리나라 애국가를 연주하고 있는 것이 아닌가! 그들의 시선은 우리를 향하고 있었다. 국빈이 된 기분이었다. 가슴은 감동으로 뛰었다. 코리아가 뜬 것이다. 눈물이 났다.

러시아 땅 자작나무 숲에 울린 우리의 애국가! 역사의 아이러니가 아니겠는가.

우리는 연주가 끝날 때까지 그 곳에서 애국가를 불렀다. 그 관악대는 관광객을 대상으로 하는 환영악대라고 했다. 멋있는 관광상품이다. 과연 차이코프스키의 나라다. 세계 그 많은 나라 중에서 한국 애국가를 기억해 준 사실이 고마웠다. 우리는 정중하게 예우를 갖추고 그들과 헤어졌다.

북구의 숲은 깊었다. 우산을 받고 걸어 보는 정취를 만끽하며 우리가 닿은 곳에는 그 유명한 러시아의 시인 푸쉬킨 동상이 있었다. 〈삶〉의 시인이다.

   '삶이 그대를 속일지라도
   슬퍼하거나 노여워하지 말라
   설움의 날을 참고 견디면

기쁨의 날이 오고야 말리니

마음은 미래에 살고

현재는 언제나 슬픈 것

모든 것은 순식간에 지나가고

지나간 것은 또다시 그리움이 되는 것'

어려울 때 크게 위안이 되는 시다. 푸쉬킨은 나라와 신분이 다른 부모 사이에서 태어났다. 청년시절은 고뇌와 갈등의 삶이었다고 한다. 아픔을 그리움으로 돌아보는 시인의 성숙한 사고가 우러러 보이는 작품이다. 삶이 힘들 때마다 불려지는 노래다. 이마에 손을 받치고 비스듬히 앉아 있는 푸쉬킨의 좌상에서 고독을 읽을 수가 있었다.

작고 검소한 그의 목조 집을 뒤로 하고 여름궁전으로 향했다. 궁전은 듣던 대로 웅장하고 화려했다. 하얀 바탕에 파란색과 황금색을 입혔다. 세계적으로 그 규모를 자랑하는 삼손분수에도 물줄기가 하늘로 솟구치고 있었다. 거대한 조각상은 순금을 입힌 것이라고 했다. 왕조 러시아 당시, 사치의 극치를 실감케 했다.

시벨리우스 열차를 타고 러시아 국경선을 넘어 핀란드에 안착했다. 숲과 호수의 나라다. 우리는 시벨리우스의 〈핀란디아〉와 안익태의 〈코리아 환타지〉가 오버랩 되어 흐르는 소리를 들었다. 가슴이 찡했다. 두 작곡가는 조국을 잃었던 슬픔을 갖고 있다.

시벨리우스는 고향의 자연에서 〈핀란디아〉 영감을 얻는다. 그것은 민족혼으로 흘러 그 유명한 핀란드의 국민음악 핀란드 송 〈핀란디아〉가 탄생한 것이다.

　나는 경기여고 때 우리 학교 새 강당에서 들었던 격동적이고 웅장했던 〈코리아 환상곡〉을 잊을 수가 없다. 가슴을 던져 온몸으로 지휘하던 안익태 선생님의 애국심이 뜨겁게 전해 왔다. 청중들은 눈물을 흘리며 일어나서 애국가를 불렀다.

　잠들 수 없는 백야, 북구 하늘에 애국가를 띄웠다.

　'하느님이 보우하사 우리나라 만세…'

　자작나무 숲과 애국가를 그리며….

카페 프랑스

문화는 사람이고 사람은 예술이다.

금년 들어 프랑스 일주를 했다. '여행은 생각의 산파다. 새로운 생각은 새로운 장소에서 난다.' 알랭 드 보통의 말이다. 그렇다. 카페 프랑스에서 만나는 다른 색채의 사람들 속에서 생각이 모자이크 되어 갔다. 사람은 소통의 미학이다.

파리는 비가 내리고 있었다. 우산을 들고 지나가는 사람들이 세느강처럼 아름답다.

큰길에서 한 겹 들어앉은 골목 노천카페에는 사람들이 책을 읽거나 에스프레소를 마시고 있었다.

"저기 보이는 모퉁이 카페는 빅토르 위고, 모파상이, 그 옆은 사르트르의 단골이었지요."

이 카페촌이 명품거리가 된 것은 당대 일류 예술가들이 모여 한 시대, 예술사의 산실이 되었기 때문이다.

카페의 기원은 베네치아라고도 하지만 사실 프랑스에서 꽃을 피우게 된 것은 19세기 산업화가 본격화되면서 유럽 전역에서 몰려드는 화가, 문학인, 음악, 철학, 건축계 인사들… 카페는 예술가들에게 영감을 주는 작업실이 되기도 했다.

허술한 포도밭이었던 몽마르트에 작은 카페가 들어서면서 1820년 무렵부터 문화예술인의 언덕이 되었다.

"산 자와 죽은 자가 함께 모여 노래하는 곳." 하이네의 시를 통해 열악했던 당대의 사정을 짐작할 수 있을 것 같다.

콩코드 광장 중심으로 둥글게 퍼져 나간 고전 건물은 창문마다 에피소드가 있다.

"저 파란 창문은 쇼팽이 살던 방, 생상과 엘가…" 예술가들이 머물다 간 자리는 지금도 세계적인 명품 쇼핑가이다. 카페에서 거장의 숨결을 느낄 때 행복하다는 말이 실감나는 현장이다.

명동백작이라고 불리는 소설가 이봉구의 사소설 '명동 엘레지'에는 전후 50년대 명동을 드나들던 예술가와 단골 술집 다방이 라이브 스케치를 보는 듯 실감나게 그려져 있다. 공초 선생(소설가), '세월이 가면'의 시인 박인환, 가수 현인, 화가 이중섭… 이름은 있지만 돈은 없던 그 가난한 예술인들이 찾아 들던 찻집 '동방살롱', '갈채', '돌채' 그리고 주모가 인심 좋기로 소문난 빈대떡이 있는 술집 '은성'은 지금 들어도 감칠맛 나는 명소들이 아닌가. 보존문화가 아쉽다.

100년 전통, 그 역사의 무게가 보이는 고즈넉한 향기가 묻은 서양의 카페 레스토랑, 펍(Pub)은 '거리의 일화'라는 명제가 붙어서 관광명소가 되었다. '돈키호테 주막', 헤밍웨이의 작은 단골식당이 그랬다.

문학은 문화예술의 축이다. 삶, 그 이야기가 문학이다. 스토리의 감동은 모든 예술의 모티브가 되기 때문이다.
 '문인마을'은 꿈이었을까. 20여 년 전 서울 근교에 문인들이 넉넉지 못한 주머니를 털어서 '문인마을' 부지를 마련했다. 그러나 정부의 문화정책 프로젝트를 고대하면서 세월을 보내고 있다. 문인 출신 중에도 재계인사와 장관들이 있었는데 한국문인마을이 아직도 없다는 것이 이해가 안 간다. 문학관을 짓고 문인이 모여 사는 라이브한 곳, 작품과 작가를 만날 수 있는 글 쓰는 마을, 노벨문학상은 그런 문화권에서 나오는 것이 아니겠는가.
 프랑스가 오늘날 세계적인 디자인 예술도시가 된 것은 문화예술 안목지수가 높은 루이 14세의 지성적 의지가 있었기 때문이다. 부러운 것은 도시 도처에 문학관과 미술관이 있어 시민과 예술과의 소통이 일상화되고 있다는 것이다.
 네덜란드 공항이었다. 환승까지 7시간. 아깝다. 관광버스가 달려왔다. 한 시간 남짓 거리에 있는 풍차마을을 지나 시내 투어를 했다. 대구 스테이크와 운하변의 사람들, 루벤스의 나라는 그대로 그림이었다. 틈새에 들러 볼 수 있는 거리에 한국문인마을이 있어야 하는 이유다. 세계인의 시선을 모을 수 있는 곳, 노벨문학상, 그 산실이 있어야 하지 않겠는가.
 요즘 세계를 강타하고 있는 비주얼 디지털 제품 경쟁이 불꽃을 튀기고 있다. 하드웨어는 됐다. 문제는 스토리다. 이미지와 감동이 있는 소프트웨어, 그 큰 몫은 문학인이다. 이야기가 있는 음악, 미술, 건축, 공연은 울림이 크다. '로미오와 줄리엣', '러브스토리' 영화 음악이 사람들의 가슴에 오래 남는 것은 스토리가 있기 때문이다. 클래식의 테마도 거의가 바이블 스토리다.

프랑스 문호 뒤마의 '몽테크리스토 백작'의 배경, 항구도시 마르세이유는 마침 시위행렬이 지나가고 있었다. 그들의 얼굴과 깃발은 자유롭고 밝았다. 분노가 없는, 그래서 소통의 카니발 같았다.

태양의 루트라는 남프랑스 세잔느의 고향, 프로방스, 고흐의 사이프러스, 그 노란 빛의 아비뇽을 찾아가는 여정은 행복했다. 줄을 이은 노천카페 사람들의 교양 있는 미소를 뒤로 하고 칸으로 향했다. 놀랐다. 영화축제장 건물 정면에 붙은 대형 한국영화 간판, 눈을 뗄 수 없었다.

니스가 고향인 '이브몽탕', 그가 결혼식을 올린 작은 교회에는 금빛 기념패가 반짝였다. 장미 꽃송이처럼 겹겹한 니스 카페는 사람들의 축제였다.

카페 프랑스! 벽을 거부하는 자유로운 영혼들은 거리와 소통하고 있었다.

사람은 예술이고 국가 브랜드의 변주곡이다.

작가의 여행 가방

　여행은 수필이다. 해서 작가의 여행 가방은 소소한 감동으로 채워지게 된다.
　프로벨은 어머니에게 편지를 썼다.
　"저는 건초로 배를 채우는 당나귀처럼 색깔들을 집어삼켜 배를 가득 채웠습니다."
　여행은 색채를 갈아입는 것이다. 동서양의 하모니, 그 자유로운 색상은 마음의 경계선을 지운다.
　여행 가방은 쌀 때도 풀 때도 사람을 설레게 하는 행복을 준다.
　"요술가방 같아요. 그 작은 가방에서 뭐가 그렇게 자꾸 나와요." 놀라운 관심이다.
　나는 긴 여정일수록 짐을 컴팩트화 시킨다. 옷은 돌돌 말아서 한 줌이 되는 것, 세면도구는 샘플로, 우산은 100g형, 신발은 겸용 한 켤레를 가볍게 신고 나선다.
　여기에 한 가지 더해야 하는 것은 현지 안내인에게 줄 선물,

김과 고추장 그리고 무늬봉투를 아웃포켓에 챙긴다.

 타국에 있는 한국인, 그들에게 우리는 친정식구다. 고국의 맛을 전할 때, 서로의 촉촉한 눈빛을 보게 된다. 여행은 감동을 주고받는 여정이 아닐까. 내 가방이 가벼운 것은 채우고 비우는 사고의 스타카토 때문이다.

 82년 이스라엘에서 약통에 담아온 갈릴리 모래와 사해의 소금물, 그리고 주염열매는 지금도 냉동실에 있다.

 예술의 상상력은 생략과 압축을 감행한다. 사진은 피사체일 뿐, 물리적인 촉감과 향기를 느낄 수가 없다. 모래의 부드러움과 물빛은 시간과 공간을 응축, 현장을 재생시킨다.

 문학작품을 통해 이국을 동경하게 만든 소설, 지드의 '좁은 문', 토마스만의 '붓덴브르크가의 일가' 그리고 톨스토이의 '부활', 그 섬세한 배경 속에서 백야와 트로이카, 장미 울타리, 하얀 집을 그리며 찾아간 그 곳은, 이미 시간의 오차와 공간의 변주, 이를테면 러시아의 민요에서 '저녁종소리'를 들으며 변해버린 고향의 정경을 떠올리는 상상의 고집을 오버랩 시켜보는 그런 기분이 된다.

 '기억의 고집'은 살바도르 달리의 유명한 작품이다. 기억은 핵심적인 장면만 선택한다. 긴 시간을 여행해도 몇 장의 정적인 이미지만 남긴다.

 폴란드에서 만난 한국 유학생 얘기다. 그는 어느 집 울타리에 핀 민들레를 캐다가 김치를 담가 먹었다고 한다. 한국계 슈퍼도 없지만 채소 값도 비싸기 때문이라고 했다. 가슴이 먹먹해졌다.

 어느 나라든 거리 상인들은 대체로 가난한 이방인들이다. 소액의 액세서리 몇 점을 집어 들었다. 그때 환해지던 상인의 눈빛을 잊을 수가 없다.
 여행의 기억을 더해주는 것은 거리에서 만나는 사람들이다. 시대의 선율, 공간의 공명, 그것은 인간의 최대 공약수다. 피로한 눈빛, 슬픔, 기쁨, 그리고 포옹과 눈물, 살색은 달라도…, 그렇게 삶의 현장은 편견을 날려버린다.
 나는 여행기록을 위해서 노트나 가이드북을 준비하지 않는다. 시간이 지나도 내 기억에 남는 것만이 내 것이니까. 고궁, 뮤지엄, 미술관, 그리고 호텔, 기차, 공항 티켓과 영수증은 꼭 챙겨 온다. 현지에서만 볼 수 있는 작은 기념품도 열심히 산다. 이유는 현물보다 생생한 추억을 전해주는 매체는 없으니까.
 일정표와 사진, 그리고 여행지의 풍물을 펴 놓으면 수십 년이 흘러가도 그때 여행의 음악같은 낭만을 즐길 수 있다. 차이코프스키의 '플로렌스의 추억' 처럼….
 사람이 배울 수 없는 것은 '잊는 법'이다. 그래서 작가는 여행을 하고 글을 쓰는 것이 아닐까.
 집의 공기와 다른 공기가 있는 곳, 떠나는 자체가 행복한 여행, 그래서 작가의 여행 가방은 다른 색채의 일상과 내 밖의 풍경으로 채워진다.

길가에 앉아서

꽃의 생명은 향기다,

마스크를 쓰고 꽃길을 간다. 유니크한 아이러니다.

중세에는 향낭香囊을 코에 달고 다녔다고 한다. 좋은 향기를 맡으면 병이 전염되지 않는다고 믿었기 때문이다. 수긍이 가는 발상, 재미있는 그림이 보인다. 루돌프 사슴코…! 사회 불안을 순화시키는 예술이다.

오래 전 기억이다. 런던 템스 강변의 저녁은 아름다웠다. 안개에 젖은 높은 가로등에는 조그만 꽃바구니가 방울처럼 귀엽게 달려 있었다. 짙푸른 밤하늘의 별같이…. 하늘에 뜬 꽃이 신기했다. 사람들은 희소한 것에 몰두한다. 다이아몬드의 가치가 그런 것 아닐까.

언제부턴가 거리에는 거대한 꽃부케가 주렁주렁 매달려 있었다. 一色, 一種, 어디나 똑같다. 향기를 느낄 수 없는 꽃의 사열이다.

놀란 토끼 눈에는 꽃이 안 보인다.

뉴욕주 버펄로(Buffalo)의 어느 주택가였다. 나란히 연결된 삼각지붕 집들은 창문, 현관, 커튼 모양이 다르고 골목을 따뜻하게 비치는 램프, 화분, 꽃 색깔은 물론 꽃 종류도 다채로웠다. 그 개성 있는 주민 문화에 끌려 가도가도 즐거운 산책이 됐다.

선진국 문화는 유니폼 문화가 아니다.

색채의 하모니, 그 모자이크는 미학의 절정이다. 비잔틴 문화가 유명한 이유다.

금일자 신문 경제란을 보면 추경예산과 세수, 이제는 시민이 더 걱정하게 됐다.

세계에서 가장 풍광이 좋다는 모차르트의 고향 짤츠부르크의 6월은 초록빛이었다. 녹색의 농도가 빛나는 그 다채로운 명도가 주는 그린 빛 거리는 자연 그대로였다. '도레미송'으로 유명한 미라벨 가든과 꽃테마 파크, 궁중정원 외에는 그 어디에도 인위적으로 꽃을 동원 장식한 곳이 보이지 않았다. 가정의 발코니, 울타리에 핀 꽃들로 거리는 충분히 아름다웠다.

20년 만에 다시 찾아간 이스라엘은 짙푸른 나무들로 차 있었다. 건조한 중동의 모습이 아니었다. 수목 한 그루씩, 서민들이 기부한 것이라고 한다.

·빈의 시민공원을 향기로 채운 장미 숲도 포기마다 기증자의 명찰이 살랑살랑 손을 흔들고 있었다. 요한 슈트라우스의 왈츠에 맞춰서….

절세折稅, 그 얼마나 지혜로운 경제문화의 주체, 그 국민들인가.

보도블럭에도 눌러붙은 껌딱지 하나 없어 어디나 주저앉아서 노래를 들을 수 있다. 거리 악사는 또 얼마나 멋있던가. 패션도 연주도 수준급이다. 디자인 도시는 그렇게 태어나는 것이다.

마스크 공포, 지워지지 않는 어린 날의 기억이다. 하얀 소독약…, 마스크를 쓴 아저씨를 보면 아이들은 도망갔다. 그 줄을 친 곳은 묘지처럼 무서운 소문이 떠돌았으니까….

하이디가 사는 알프스 산간 목조집 발코니-, 형형색색의 꽃들은 샤갈의 그림처럼 컬러가 날아다닌다. 그것은 행인의 낭만을 위해서 창문을 장식하는 것이라고…, 삶이 예술인 사람들이다.

중세기 성전 에피소드다. 헌금 궤엔 꼭 동전을 쨍그랑! 하고 넣는 신자가 있었다. "보시오! 나 헌금했소."

가시화에 열중하는 사람은 본질을 잊어버리기 쉽다.

음원과 음질이 좋은 리더십, 그 음악은 불안을 재우는 양약이다. 성서를 비롯한 문학, 그 한 권의 양서는 인간의 영혼을 깨우는 바이블이다.

표절작가의 가면을 벗겼다. 아니 사람의 탈이 벗겨진 것이다. 비단 Mask Fiesta(가면축제)가 문단에만 있겠는가.

영화 「심야식당」- 허기진 밤 계란말이, 따끈한 밥을 건네는 마스터의 고요한 눈빛… 그 소박한 위안이 필요한 때다.

꽃보다 고은 단풍, 이 가을의 향기를 마시고 싶다.

슈즈 리페어

구두 수선방에 들렀다.
압구정동 거리 구두 닦는 집에는 구두들이 산더미였다. 불경기에 때아닌 호황이다. 새 구두 사는 것을 접고 헌 구두를 수선해서 신기로 작정한 것일까. 나 역시 실밥이 뜯어진 낡은 부츠를 꿰매 신어 보려고 들고 나왔으니까.
겨우 세 사람이 앉으면 꽉 차는 하꼬짝 같은 공간에는 없는 것이 없다. 주먹만한 시계, 달력, 라디오, 손바닥만한 TV, 전기 곤로, 물주전자 등, 가느다란 선반에는 구두창, 끈, 약, 광택제 등 구두 수선 재료가 빼곡히 차 있다. 미처 못 찾아 간 신발들이 구석마다 대롱대롱 매달려 있다. 여자의 빨간 샌들까지.
거리는 바람이 찬데 그래도 슬리퍼를 신고 좁혀 앉아 있으니 따뜻하다. 야쿠르트 서비스도 좋고-.
오래 전 이스라엘 작은 호텔이었다. 아침 식사를 하러 로비를 지나다가 놀라운 광경을 보았다. 황홀했다. 나도 훌쩍 높은 빨간색 킹 체어에 안내 되었다. 화려한 아랍복식을 한 눈이 큰 총각이 내 앞에 무릎을 꿇는 게 아닌가. 구두닦이였다. 단 돈 3불에 공주가 되는 기분, 꽤 괜찮았다. 행복했다. 기가 막힌 관광 상품이다.

제자들의 발을 씻겨 주던 예수의 나라, 그 고향의 아름다운 문화, 그 긍지를 볼 수 있었다.

사막이 많은 중동에서는 먼 길을 찾아온 손님, 나그네에게 먼저 발 씻을 물을 준비해 주는 것이 예절의 순서다. 그리고 마실 물과 정성껏 만든 음식이다. 그들의 조상 아브라함이 그랬다.

여행을 하다 보면 도착해서 제일 먼저 접하는 곳이 호텔이다. 먼 길을 돌아온 사람들은 우선 목이 마르다.

82년 예루살렘 산정에 있는 홀리랜드 호텔이었다. 들어서는 순간 눈이 깊고 검은 곱슬머리가 예쁜 웨이터들이 쟁반 가득 과일주스를 받쳐 들고 서 있었다. 손님 앞앞에 미소가 흔들리는 음료수를 권했다. 시원했다. 가나안의 축복인가. 30여 년 세월에도 그 향기가 묻어 있다.

요즘 중동 사태는 전혀 낯선 얼굴이다. 슬픈 샬롬이다.

"자, 다 됐습니다." 10분 만에 반짝이는 새 구두가 되었다. 기분이 상쾌하다.

"구두 닦셔!" 구두닦이 통을 메고 다니며 목이 쉬어라 외치던 그 시절은 끝났다. 아니 내 눈 앞에서 수없이 반들거리며 배달되어 나가는 그 많은 구두들은 마치 돈 수레를 보는 듯했다. 오토바이에 실린 구두 바구니-, 멋있다. 외상 없는 장사, 현찰 비즈니스다.

그 보다 놀라운 것은 수선공의 날렵한 손놀림, 그것은 예술이다.

꿰매고 붙이고 닦는-, 먼저 솔로 구두에 묻은 먼지를 털어 내고 약을 발라 불에 통과, 헝겊으로 닦아 광택을 낸다.

내가 알기에도 그 구두 수선방은 20여년이 넘었다. 그들은 그 자리에 앉아 청년에서 노년이 된 것이다. 아이들 대학도 보내고-, 근면 하나로 세파를 이긴 사람들이다. 안데르센 아버지가 오버랩 되었다.

증권공포. 펀드우울증, 거기다 해고에 실업까지-. 시끄러운 세상과는 딴 세상 사람들, 구두 수선방은 도시의 이색지대다.

미국에서 보는 슈즈 리페어 숍과는 달리 재치 있는 풍경이다.

페르시아 거리에도 왕자처럼 크고 드높은 의자에 갈색 시가(Cigar)를 물고 신문을 펼쳐 든 신사가 발을 쭉 뻗고 구두를 닦고 있었다. 잘 생긴 소년은 부지런히 빨간 헝겊을 들고 좌우로 손을 흔들었다. 성실과 휴식의 그림이다.

"안녕하세요?"

명동 어귀에 있는 구두 수선 아저씨다. 날씨가 몹시 춥거나 남은 약속 시간을 메울 겸, 가끔 구두를 닦으러 들리는 단골이다. 상냥한 인사성이 좋다. 이제는 아들이 유학도 하고 좋은 직장에다 손주들까지 있으니 아버지 그만 쉬라고 하지만-.

"내 일이 좋아요,"

부인이 싸다 주는 도시락을 먹으며 그렇게 살아 온 세월이 고맙다고 했다. 반 평 남짓한 공간, 머리를 들 수 없는 공간이지만 서울에서, 명동에서 일을 가지고 살 수 있었다는 것이 기적이란다. 거품이 없는 인생, 그 맑은 미소를 본다.

Lewis Mumord의 「삶에 대한 신념」이 생각난다.

'인간의 중요한 목적은 가치 창조와 가치 보존에 있다. 그것이 문화에 의미를 주는 것이며, 인간 개개인의 생존에 의의를 부여하는 것이다.' 전적으로 공감한다.

언제 어디서나 무슨 일이든 가리지 않고 묵묵히 그 일을 해내는 사람들, 바로 그들이 가치 창조의 주역들이다. 생존은 현실이니까-.

세계로 가는 길, 경제의 길이 멀다고 하지만 이제 신발에 먼지를 털고 다시 뛰어야 할 때가 온 것 같다.

오래 된 구두는 부드럽다. 친구처럼-.

발과 조율이 잘 됐기 때문이다.

신발이 편해야 먼 길을 갈 수 있다.

2부
행복이 드는 길

삶과 그 사랑

 삶이 아름다운 것은 서로 어울리는 사람들의 사랑이다.
 앞서거니 뒤서거니 함께 길을 가는 벗이 있다면 멀고 험한 길도 나무와 새가 노래하는 오솔길을 가는 것 같이 즐거우리라.
 흐르는 샘물, 소근대는 들꽃들, 노루 눈에 돋은 파란 별빛은 바람 이는 숲 속, 그 길벗의 춤이 되리라.
 마을에서 들리는 아이들의 해맑은 웃음소리, 저녁밥 지어놓고 노을빛 이고 돌아오는 아버지를 기다리는 어머니 등엔 아기가 방글거린다.
 싸릿가지 엮어 두른 울타리엔 달빛이 하얗게 떠오르고 쑥부쟁이 모깃불에 구은 감자, 너도 나도 돌려먹는 입가엔 검뎅이도 아랑곳없다.
 고된 하루 일, 단잠 이루고, 이른 아침 일 나가는 길엔 해가 따라온다.
 나그네의 밥 한 술은 눈물겨운 고마움, 너그러운 아낙네는 어여 밥을 짓는다.

산딸기술 익어가는 내음에, 마을손님 찾아들고, 열무김치, 칼국수, 자글자글 닭고기 볶음, 풋고추, 오이나물, 호박 지짐, 그만하면 덩더꿍 한마당 아니겠는가.
"식기 전에 어서 들어유~."
"자네도 들게나."
국밥 한 그릇을 놓고도 허허로이 어울려 먹으며 이야기꽃을 나누는 것이 사람이 살아가는 내음이 아니겠는가.
"허허 같이 듬세."
잠시잠시 떠오르는 우리 겨레의 삶, 그 그림을 그려본다.
올해는 우리 땅 허리에 줄이 그어진 지 일흔 해가 되는 잊지 못할 슬픈 해이다.
어쩌다 한 집을 둘로 갈라놓고 얼굴 한 번 볼 수 없단 말인가.
아침밥 지어놓고 둘러앉아 먹던 때가 언제였던가.
"어머니 잘 계시나요?"
"보고 싶다 누나야!"
"아프지 말라."
"아버지 잘 챙기라 아우야."
말이 같고 얼굴이 같은 우리 겨레끼리 글 한 줄도 보낼 수가 없단 말인가.

윗마을/ 아랫마을/ 그 때는 그렇게 마음대로 다녔었지/ 하늘도 물도 들도 같은/ 저자거리/ 한숨이 닮은 주름살/ 시원한 막걸리 한 사발에/ 맘을 풀던 사람들/ 앞서거니 뒤서거니/ 언니 아우 집으로 가던 길/ 말이 같은 사람들/ 대문 열고 기다린 하루하루 일흔 해/ 어이해서 집으로/ 돌아가는 길이 다른가/ 발걸음마다/ 솟구치는/ 눈물/ 멈출 줄 모르는구나.

- 이명희 詩〈 돌아가는 길 〉

기러기도 오가는 길을… 왜? 무엇이 길을 막는 거냐.

한글로만 글을 써 내려 가다 보니 그 옛날 어진 시골 사람들의 어리 무던하던 살가운 마음이 그려진다.

과연 한글은 어진 글이다.

PEN문학에서 주최하는 '세계한글작가대회'가 얼마나 뜻 깊은 일인지 알게 되었다. 해마다 전국적으로 한글날 기념행사를 떠들썩하게 해도 그냥 TV로 방청하는데 그친 게 사실이다.

특히 요즘 밀려드는 세계화, 그 언어문화 속에서 한글의 정서를 고수하기란 쉽지 않은 일이었으니까.

구월이 오면 한글사랑에 풍덩 빠져보리라.

삶, 그 사랑은 어련히 알아서 어울려 나누는 낭만이다.

행복이 드는 길

　행복이 드는 길은 사랑의 소로小路다. 행복의 형체는 극히 추상적인 색채, 시각에 비례한다. 반사의 빛만큼 그 행복의 선물상자는 클 수도 작을 수도 있다.
　Lucky Moon을 찍기 위해 길에서 15분 동안을 계속 셔터를 눌렀다. 12월 25일 저녁 8시 11분이 가장 아름다운 달을 볼 수 있다는 메일정보를 수첩에 적어 두었다. 30컷을 찍는 동안 달은 그대로 방글 웃고 서 있는 것이 아니었다. 엷은 구름이 흘러가는 사이로 살짝 나오는 순간 포착, 현상을 해보니 흐렸다 맑았다, 럭키문은 그렇게 구름 사이에서 찾을 수 있었다.
　뭔가 그 럭키문을 봐야 행운이 올 것 같은 살짝 비낀 미소심리는 누구에게나 있는 것이 아닐까.
　사람은 울며 태어나서 울며 떠난다. 그 인생의 암시는 삶이 역경의 연속임을 보여주고 있다. 아이를 낳고 공부를 시키고 취업, 결혼걱정, 아이의 아이들…, 어언 퇴직 불안의 연속이 인간 여정旅程이다.

해, 달, 별, 공기, 바람은 자연 그대로 인간과 더불어 창조섭리 속에 존재해 왔다. 늘상 있는 것에 대한 감사로부터 행복은 온다. 산소 호흡기를 쓰고야 공기가 생명! 그때는…, 아무튼 우리를 둘러싼 모든 것, 다채로운 색채의 가치를 인지하는 지혜가 행복의 수레다.

/사랑의 기쁨은 어느덧 사라지고/
/사랑의 슬픔만 영원히 남아 있네/

사랑이 대상에 따라 행, 불행이 좌우되는 한, 삶은 언제나 슬프다. 사랑하는 사람도 자연의 일부, 꽃이 피고 지고 떨어지는 것이 순리다. 죽도록 사랑해도 숨을 대신 쉬어 줄 수 있는 사람은 없다. 주어진 것, 그 선물에 감사하며 사랑하는 사람 앞에선 불행도 길을 잃어버린다.

'바보새는 아무리 날갯짓을 해도 자신의 힘으로 날지 못하는 새, 아이들이 돌을 던져도 뒤뚱거리며 도망만 가는 그 새 이름은 '알바트로스'. 폭풍이 불어야 날개를 펴는 그 길이는 3m, 바람에 의해서만 절벽에서 날아오른다. 자신의 힘으로 날지 못하는 세상에선 바보, 하늘에서는 날갯짓 없이도 비상하는…, 태풍은 숨어 있는 축복이다.

영국의 철학자 러셀(Bertrand Russell)은 말한다. "매순간 숨쉬듯 불행을 느끼고 가끔 재채기하듯 행복은 온다."

공허한 내면에 빠져들지 말고 대상들에 대한 관심을 넓히라고 그는 말한다. 막연한 두려움, 경쟁, 권태, 걱정, 질투, 죄의식 등 감정에 휩싸여 자신 안으로 집착하는 태도가 불행의 원인이라고 경고한다.

오늘 날 이성이 감성을 지배하는 스마트시대, 광속으로 질주하는 기술변화에 휘몰아치는 사회 속에서 인간은 기술경쟁에 말려들 수밖에 없다.

질투는 경쟁의 산물이다. 성서를 통해서 카인과 아벨, 그 형제의 비극적인 스토리텔링을 읽을 수 있다. 인간 최초의 살인극이다.

'바보새'는 세상에선 스스로 날 수 없다. 어떤 초자연의 힘에 의해서 그 위용을 보여 줄 수 있었다.

과연 러셀경 이론대로 인간이 자신의 의지로 내재된 야망의 도구인 증오, 시기, 다툼을 제어 할 수 있을까, 아니다. 인간의 본질은 보이지 않는 절대자의 감동에서 사랑의 변속기가 돌아가는 것이다. 어느 날 눈을 뜨니 그 미웠던 사람들이 별같이 아름다워 보이는 게 아닌가. 감사의 강이 흐르고 하트가 퐁퐁…, 행복했다.

/주의 사랑 비칠 때에 기쁨 오네/걱정 근심 물러가고 기쁨 오네/

헤르만 헤세는 슬플 때 자연을 화폭에 담기 시작했다고 한다. 그림을 그리는 동안은 모든 근심, 걱정, 분노가 사라지고 자신이 빛 속에 있음을 보았다고 한다. 부인과 싸울 때마다 이젤을 들고 들판으로 나갔으니까 그가 가장 좋아하는 곳은 발코니라고 했다. 집 밖을 바라보는 즐거움, 장미와 지나가는 사람들…,

행복은 자연이 주는 키스다. 물을 주면 반짝이는 난초 잎, 한 컷 시선에도 춤을 추는 외로운 아이, 냠-냠 방긋 웃는 아기 볼, 그 교감의 향기야말로 행복이 아니겠는가.

기쁜 순간의 조각들을 퍼즐하면 누구의 가슴에나 한 아름의 꽃다발이 안길 것이다.
슬픔의 지우개는 하늘빛이다.
행복은 감사카펫을 타고 온다.

겨울 N 窓

 하얀 눈이 내리는 겨울이 기다려지는 것은 크리스마스 불빛, 그 선물이 주는 따뜻한 설렘 때문이리라.
 빨간 자선냄비 종소리에 길을 가던 사람들은 잠시 발길을 멈추고 다소의 온정에 불을 켠다. 거리는 캐럴과 젊은이들의 웃음소리로 뭔가 들뜨는 행복감이 드로잉 된다. 짙은 한 장의 유화油畵로….
 이맘때면 TV 채널마다 세계 도시의 성탄축제 현장으로 숨가쁘게 카메라 앵글이 달려간다. 뉴욕, 파리, 런던, 동·북유럽의 모스크바, 베를린, 프라하 특히 「성냥팔이 소녀」의 동화작가 안데르센의 고향, 그 코펜하겐에 내리는 눈과 트리는 창 밖으로 시선을 돌리게 한다. 겨울 창窓, 그 안과 밖의 온도 차이는 크다.
 화이트 크리스마스, 그 축일은 가족이 다 집에 모여서 트리에 꽃불을 켜고 칠면조와 선물을 나누며 떠들썩하게 파티를 한다. 훈훈한 실내공기는 향기롭고 창 밖에 날리는 눈발은 별처럼 아름답다. 벽난로에 장식한 '말구유의 아기예수'에 눈길이 갔다. 마구간은 집 밖, 그야말로 완전 한데다.

 눈보라 치는 어느 골목, 창 안에서 흘러나오는 노랫소리, 맛있는 음식냄새, 반짝이는 트리, 그 창 밖에는 성냥팔이 소녀가 팔지 못한 성냥개비로 불을 켜서 꽁꽁 언 손과 볼을 녹이며 잠이 든다. 아! 따뜻한 벽난로, 촛불이 켜진 케이크, 맛있는 식탁, 그리고 그리던 할머니 품에서 소녀는 영원히 웃고 있었다. 19세기의 덴마크, 그 차가운 사회의 명암을 예리하게 드러낸 어른들의 동화다. 크리스마스는 예수 탄생일의 본질을 찾아가게 한다. 그래서 일까. 이웃사랑이 충전되는 계절도 추운 겨울이다.

 겨울밤이 긴 동짓날은 팥죽을, 설날에는 떡국과 세배를 나누며 정월 대보름날엔 오곡밥과 밤, 호두, 잣, 견과류 등 무병장수 음식을 풍성하게 차려서 이웃과 놀이마당을 연다. 그렇게 엄동설한을 어울려 이겨내는 우리의 따뜻한 풍속이 대견하다.

 세계적으로 가장 공감대가 큰 크리스마스에는 구區마다 트리를 세우고 소찬이라도 이방인, 나그네 구별 없이 누구나 어울려 즐길 수 있는 플라자 파티를 열면 어떨까. 거리 상인들의 언 발을 녹여 주는 모닥불도 지피고….

 해마다 성탄절에는 따뜻한 사연도 보도된다. 1950년 12월, 흥남부두 철수 시 '메러디스 빅토리아 호'는 1400명의 피란민을 싣고 한국 전쟁의 거친 풍랑을 뚫고 12월 25일 거제도에 한 사람의 사상자도 없이 안착을 했다. 그 때를 라루선장은 회고한다. '신의 손길이 배의 키를 잡고 있었다'. 전쟁이 끝나고 선장은 가톨릭 수사가 되어 평생을 한국평화를 위해 기도하며 여생을 보냈다고 한다. 작가 길버트는 「기적의 배」를 써서 감동을 전해 주고 있다.

작년인가 애기봉의 트리가 철거됐다. 북녘 어디선가 바라보며 위안을 받을 거라는 바람이 지워진 것 같아 아쉽다.

목화송이와 색종이로 장식한 그 옛날 작은 트리는 우리의 공유된 추억이다.

코가 석자로 정신없이 살다가도 송년이면 주위를 돌아보게 된다.

어느 해 12월이었다. 바람에 눈이 날리는 날, 수수한 차림의 중년남자가 YWCA현관으로 들어왔다.

"이웃을 돌보는 곳으로 알고 찾아왔습니다."

그는 50만원을 전하고 돌아갔다. 크리스마스 이브이고 해서 어려운 사람이 생각났지만 개인적으로는 좀 쑥스럽다고 했다. 소년소녀 가장들에게 따뜻한 음식과 포근한 옷을 선물해 줄 수 있었다.

구두쇠로 유명한 스크루우지도 주머니를 열고 예기치 못한 기쁨을 느끼는 축복의 날, 크리스마스가 있는 겨울은 아름답다.

한반도에 「성냥팔이 소녀」가 없기를 기도한다. 일본 강점기에 우리는 함께 너무도 비참하게 가난했다.

올해는 우리 땅 허리에 줄이 그어진 지 일흔 해가 되는, 잊지 못할 슬픈 해이다. 어쩌다 한 집을 둘로 갈라놓아 얼굴 한 번 볼 수 없단 말인가. 아침밥 지어놓고 둘러놓아 먹던 때가 언제인가.

"식기 전에 어서 들어유."

"자네도 드시라요."

"허허, 같이 듬세." 시원한 막걸리 한 사발에 맴을 풀던 우리가 아니었던가.

삶이 아름다운 것은 서로 어울리는 사람들의 사랑이다.

산하에 눈이 내린다. 한 장의 지도가 그려진다. "탄일종이 땡땡~땡~"

名士, 그 기억의 램프

　기분 좋은 착각…, 그것은 미학의 원소다. 예술과 사랑이 그렇다.
　얼마 전 서재를 정리하다가 빨간 소책자를 발견했다. 76년 발간된 「名士 에세이集」이었다. 우선 표지, 정물화가 눈을 끌었다. 작은 청색탁자 위 화병과 가늘고 긴 창으로 들어온 꽃밭, 그 착시효과 기법이 좋았다. 동전 크기의 원 안에 여인의 옆모습 실루엣은 책의 매력을 더해 준다, 열어보고 싶게…. 커피색이 된 종이 향도 좋다.
　목차를 보다 놀랐다.
　문학평론가 조연현 선생의 수필 「세월의 앙금」 中에서

二月 二十五日

통 기억이 흐리기만 했다
나의 건망증은 이 정도가 아니다.

尹柄魯씨 부인을 두 번이나 못 알아보고 부끄러운 실례를 한 일도 있다.

 신속, 정확, 핵심으로 일축하는 냉철한 분으로만 알고 있었는데 그 분의 일기를 통해서 인간적인 매력을 엿볼 수 있게 됐다. 스스로에겐 그렇게 소심한 면이 있다는 것이….

 기억은 뇌건강의 문제가 아니라 조명의 문제다. 무대에 따라 사물은 달리 보인다.
 어느 날 우연히 명동거리에서 조 선생을 뵙게 됐다. 새 옷을 찾아 입고 미용실에서 나오는 길이었다.
 "안녕하세요?"
 "어…, 학생~!"
 "?"…
 여자는 남편과 있으면 주부로, 아기와 있으면 애기엄마로, 이렇게 혼자 걸어가는 여성은 솔로로, 그 배경에 따라 관념적 인상이 뇌 맵에 그려지는 것이다.
 내가 처음 조연현 선생을 뵌 것은 신혼 때, 그 댁의 신년 문인초대 잔치에서였다. 한복을 입고 갔었다.
 그 후 우리 아이 돌, 금호동에 새로 지은 경전주택으로 이사를 하고 집들이 겸, 문단 어른을 모셨다.
 "윤 선생은 좋겠네요. 부인도 젊고 집도 잘 꾸민 새 집이고…", 조 선생님은 정원수가 있는 넓은 잔디밭이 마음에 드시는 듯 했다. 대지가 98평이었다. 그때 박재삼 시인이 금호 종점에 살았고 한참 후에 들으니 이유식 문학평론가도 문단 신인 시절, 시골에서 상경하여 박 선생 댁 근처에서 하숙생활을 했다고 한다. 우리 집에도 왔었다고 하는데 기억이 없다. 그 때는 풋내기 새댁이었으니 두루 아우르지 못한 게 아쉽다.

지금 기억의 조각들을 모아 보면 어설프고 재미있는 에피소드가 참 많다.

어느 분의 책 출간을 축하하는 조촐한 자리였다.

조연현 선생을 비롯한 문학평론가들과 조병화 시인도 함께 한 좌석이었다. 여자 시인인가 하는 여자들이 민망한 농담을 늘어놓았다. 취기였을까, 어느 안전인데…. 손으로 턱을 고인 채 살짝 꼬고 앉아 있던 조연현 선생이 정색을 하고 불쑥 말했다.

"우리 문인들 부인중에 미인 셋이 있어요. 최일남 소설가 부인, 문덕수 씨 부인, 윤뱅로 부인예요."

여자들이 조용해졌다.

조병화 시인이 미소와 술잔을 들어 올렸다.

옛날 불빛이 새어나오는 인사동 거리는 아름다웠다.

멘델스존의 누나, 파니는 음악 신동이었지만 당시에는 여자가 무대에 서는 것을 허용하지 않았기 때문에 음악을 접고 결혼을 해서 평범한 생활을 했다. 그러나 그는 작곡을 하며 집에서 일요 음악회를 열어 저명 예술인들을 초대했다. 파니는 괴테에게서 극찬을 받았다. 그의 미모와 피아노 연주는 당대에 널리 알려졌지만 괴테의 극찬은 그녀의 삶을 빛나게 했다. 명곡을 낸 배경이다.

즐거운 시간을 선물해 준 인사들, 그 착각이 주는 행복은 신의 선물이다.

쇼펜하워의 말이 생각난다. '우리는 다른 사람과 같아지려다가 자신의 3/4을 잃어버린다.' 어쩌다 같은 자리에 앉았다고 격이 같아지는 것이 아니다.

기억의 조각을 퍼즐해 본다. 흐린 기억, 조연현 선생님은 나에게 가장 좋은 선물을 주셨다. 기분 좋은 착각, 나는 지금도 학생이다.

名士, 그 기억의 램프는 예술이다.

가던 길 앞에 있네

"어허, 물 소리가… 봄이로군."

월탄 선생님은 마당으로 향한 창호지 문을 여셨다. 박종화 선생님의 신관이 환하셨다. 경칩 바람은 아직도 찬데… 아들같이 사랑하는 제자의 신접살림 집에서 첫 아기의 돌잔치 상을 받으시며 그렇게 대견해 하셨다. 선생님은 스승 이상의 사랑으로 부모님 역할을 해 주신 분이다. 문단 데뷔, 취직, 결혼, 그리고 살아가는 과정마다 조언을 아끼지 않으셨다.

"문학보다 생활이 먼저네. 남의 집 귀한 규수를 데려 왔으면 지아비로서의 책임을 다 해야지."

5·16으로 직장 전환이 불가피해져서 새 일을 놓고 갈등 할 때 주신 선생님의 말씀이다. 남편의 은사이자 문사이신 그 어른의 충고는 우리가 살아가는데 큰 힘이 되었다. 학교 선생을 하다가 집안 어른이 경영하는 회사로 옮긴 후 경제 사정은 좋아졌다.

어느 날 월탄 선생님은 붓글씨를 한 장 써 주셨다.

"…가던 길 앞에 있네."

선생님 뜻을 새기며 계속 글도 쓰고, 책도 내고, 시간 강사, 그래서 대학교수가 된 것이다.

우리는 마당이 넓은 집을 사서 이사하고 월탄 선생님과 조연현 평론가 외 문사 몇 분을 모셨다. 한창 집들이 분위기가 고조될 때였다.

"쨍그랑-", 상에서 접시가 떨어져 깨졌다.

"어허, 좋은 일이 생기겠구먼…."

호탕하게 웃으시며 중국 고사를 얘기해 주셨는데…, 아무튼 의외의 해석으로 선생님은 좌석의 흥을 찾아 주셨다.

"너무 강한 것은 부러지는 법. 엿은 부드러워서 휘어지기는 해도…"

그 날 식탁의 대화는 음식보다 맛있었다.

"명아 엄마, 애썼어요."

선생님은 늘 세심하셨다. 그 후에도 잡지 화보 촬영 때문에 오셔서 〈스승과 제자 가족〉, 뭐 그런 타이틀 같은데, 사진 구도, 배열, 포즈도 손수 지휘하셨다. 명아를 안고 가운데 앉으셔서 환하게 웃으신 사진이 잡지 〈여상〉 한 페이지를 장식했다.

우리 아이들 이름도 다 박종화 선생님이 지어 주셨는데, 특히 기억나는 것은 막내 이름은 동경에 가셨을 때 작명을 해 주셨다. 대동했던 아빠의 말에 의하면 그 날 아침 선생님은 기분이 아주 좋으셨다고 한다. 이국의 낭만이랄까….

언제나 월탄 선생님의 덕담에는 시가 묻어 있었다. 제자들과 혹은 문사들 모임에서 뵙는 선생님은 늘 유쾌하시고 덕담으로 주위 사람들을 행복하게 하셨다. 사모님도 함께 모신 야유회 때 찍은 사진이 그때의 즐거움을 보여 주고 있다.

특히 감사한 것은 월탄 선생님 댁에 가족 일가 잔치에도 늘 우리 내외를 초대해 주셨다. 잊혀지지 않는 것은 맏손녀 따님이 함을 받는 날도 꼭 함께 오라고 하셨다. 그 큰 대청마루에 떡시루를 놓고 그 위에 청홍 비단 보자기를 덮은 후 삐-꺽, 떠들썩 대문을 열고 들어서는 함지기에게서 함을 정성껏 받아서 시루에 올려 놓았다.

600년 전통 서울 양반댁 가풍과 예절을 가까이서 나는 감명 깊게 볼 수 있었다. 온 집안이 은은하여 수선스럽지 않고 품위가 배어 있었다. 어르신 안전에서 갖춰야 할 언성과 몸가짐의 그 덕목이 살아 있었다.

어느 해 겨울 명절 무렵에 나는 신촌시장에서 도미 한 마리를 사서 들고 갔다. 며느님이 도미를 쟁반에 올려 들고 안방으로 들어왔다. 월탄 선생님과 사모님은 도미를 보시더니 "음… 물이 좋구먼. 살았어."

나는 부끄러웠지만 사모님이 손수 타 주신 따끈한 차 한 잔에 몸이 녹았다.

박종화 선생님 댁은 손님이 가져온 선물은 꼭 쟁반에 받쳐서 어른께 먼저 보여 드리는 풍속이 있다.

월탄 선생님은 문학인이지만 가정적이시고 물정에도 밝으셨다. 그래서 나는 그 분을 존경한다. 삶의 본질을 가르쳐 주신 분이다.
 충신동 한옥의 육간 대청, 파초가 있는 마당, 안채, 사랑채가 겹겹한 위풍 있는 서울 양반댁, 그 풍모가 어울리시던 월탄 선생님의 그 시절 모습이 그립다.

첫사랑 연가

가을은 돌아보게 하는 계절이다.
호세 카레라스가 부르는 〈예스터데이〉 탓일까.
지난날들이 엉킨 필름처럼 스쳐간다.
60년대는 친구와 조선호텔 〈예스터데이〉에 가서 '아이스크림 커피' 마시는 것을 멋으로 여기던 시절이다. 아늑하고 원목향이 나는 집, 음악이 좋고 클래식한 작은 유리창이 생각나는 경양식집이다. 갈색 추억이다. 다들 어디 있는지…

며칠 전 동기 모임에서 첫사랑에 대한 기막힌 얘기를 들었다.

첫사랑이 다른 사람과 결혼을 하면 배가 아프고
첫사랑이 고생을 하면 가슴이 아프고
첫사랑과 결혼을 하면 머리가 아프다.

통쾌하고 재미있고 씁쓸하지만 공감이 간다. 분명히 모순이다. 하지만 마음이 가벼워지는 이 느낌은 무엇일까. 아쉬움이 나비가 되어 날아간다.

"창문을 열어 다오. 내 그리운 마리아-" 테너 마리오 란자의 흉내를 내던 눈이 동그란 소년은 별빛에도 얼굴이 빨개 보였다. 그때 내 마음은 어떤 것이었는지 잘 모르겠다. 늘 시선을 느끼면서도… 지금 생각해 보면 기억에 남아 있다는 것이다. 빨간 콜라캔을 살짝 놓고 가기도 한 그 소년, 물론 모르는 척했지만…. (어느 여름 캠핑)

'그 땐 왜 그랬을까?'
 작곡가 말러(Mahler)의 첫사랑 회고, 그 말이 실감난다. '왜 그 말을 못했지? 고맙다고…'
 누구에게나 그런 자문自問 하나쯤은 갖고 있을 것이다.

세월이 흐른 후
"행복합니까?"
"……?"
연속되는 산고에… 뭐 그런 때였다.
"눈길을 안 주니까 다른 여자와 결혼했지요." 귀엽고 기분 좋게 들렸다. 겨울 명동거리는 사람이 많았다.

필름이 바뀐다.(을지로 어느 찻집의 우연)
"얼굴빛이 좀…… 괜찮아요?"

"!"
나는 첫 아이 입덧 중이었다. 하필 그 때 마주치다니….

생각해 보면 나의 소녀시절을 기억해 주는 친구가 있다는 것, 왠지 싫지 않다. 그래도 우연히 길에서 마주치더라도 머리나 화장이 잘 되었을 때면 좋겠다.

첫사랑은
맑고
고운 빛들의 무늬

비눗방울 같은 것

그것은
또한
스트로우
입맞춤일 뿐

만지면
사라지는
비눗방울

첫사랑은
간격의 미학이다.

눈빛으로

사는

하얀 향기다.

― 〈첫사랑〉

나에게 첫사랑은 누구였을까. 낭만적인 아이? 깊고 잘 생겼던 아이? 아니면 다섯 살 때 머리에 물을 발라 곱게 빗고 하얀 과자봉지를 들고 찾아왔던 색동저고리 꼬마남자?

첫사랑은 영원한 물음표다.

삶의 발자국

크리스마스다. 상점마다 트리에 불이 켜졌다. 눈이 내린다. 선물을 들고 걸어가는 사람들의 발자국이 판화처럼 아름답다. 할리우드의 스타거리에 찍힌 죤웨인의 커다란 발자국이 생각난다. 사람들에게 멋과 감동을 준 스타의 발이다. 아름다운 삶은 사람들이 서로 주고받는 감동으로 이루어지는 것이 아닐까.

나의 소녀시절, 크리스마스 새벽 송을 돌 때다. 캄캄한 산등성이 외딴곳의 천막집이었다.

"?"

천막 안에 불빛이 보이고 인기척이 났다. 우리는 발을 멈추고 "고요한 밤, 거룩한 밤…"을 불렀다. 그때 안에서 박수를 보내주었다. 누가 살고 있는지 알 수는 없었지만 우리는 감동을 받았다. 가물거리는 촛불과 조용한 박수소리는 나의 평생에 잊을 수 없는 크리스마스 선물이 되었다.

그 후 나는 교회 친구들을 따라 다니며 눈도 쓸고 옷을 나누어주며 이웃과 봉사의 의미를 어렴풋이 알게 되었다.

영화 〈작은 아씨들〉의 한 장면이다. 어머니 심부름으로 셋째 딸이 빵바구니를 들고 이웃에 사는 가난한 집으로 간다. 눈이 소복이 쌓인 문을 열고 들어가 난롯가에서 아이들에게 빵을 먹여 주던 모습이 다정해 보였다. 작가 루이자는 여자다. 때문에 섬세하고 따뜻한 모성적인 작품을 쓸 수 있었던 것 같다.

나는 어머니를 따라서 적십자사에 몇 번 가 본 적이 있다. 그러니까 봉사단체 간판을 걸고 일하는 곳은 내가 처음 간 것이다. 어머니는 봉사 상으로 금브로우치(?)인가를 받으셨다.

세계적으로 유명한 봉사 단체는 많다. YWCA, YMCA, 로타리, 라이온스, 적십자 등이다.

그들은 의료, 식량, 장학금 지원 등 글로벌 평화를 위해 봉사한다.

그 중에 YWCA는 여성들에 의해서 여성들을 돕는 기구로 영국 런던에서 시작된 지 100여년이 넘는 역사를 가지고 있는 여성 기독교 봉사단체다.

내가 지금 YWCA 일원이 된 것도 교회와 어머니의 영향인 것 같다. 흔히 봉사는 자기 희생이라고 하지만 나는 배려라는 말을 더 좋아한다. 이유는 자신이 희생을 했다고 말하는 사람들은 후에 뭔가 갈등을 겪는 것을 종종 보게 된다. 사람들이 알아주지 않는 것에 대해서….

나는 YWCA를 좋아한다. 봉사에 앞서 좋은 사람들을 많이 만날 수 있기 때문이다. 같은 생각, 좋은 뜻을 가지고 함께 봉사할 수 있다는 것이 기쁘다.

〈사람은 사람 가운데서 사람이 된다〉, 책 제목이다.

봉사를 통해서 다양한 삶을 사는 사람들을 만날 수 있기 때문에 그들로부터 배우는 것이 많다.

어느 해 12월이었다. 50대쯤으로 보이는 수수한 차림의 남자가 YWCA 현관으로 들어왔다.

"이곳은 좋은 일을 하는 곳으로 알고 찾아왔습니다."

그는 50만원을 내놓았다. 그의 뜻인 즉은 12월이고 해서 누구를 돕고 싶은데 개인적으로는 좀…그렇다고 했다. 얼마나 감동적인 날인가.

그 해 성탄절은 소년, 소녀 가장들에게 떡국과 따뜻한 옷을 선물 할 수 있었다. 이웃은 감동의 교류다. 누구에게나 필요한 사람이 된다는 것은 행복한 것이다. 무용지물로 살지 않는 인생, 그것은 삶의 이유요, 목적이다.

1987년 초겨울이었다. 지금은 〈아기공룡 둘리〉로 유명한 김수정 작가가 그때 Y에 들러 금일봉을 전했다. 만화가들이 소년 소녀 가장을 위해서 뜻을 모았다고 했다. 가슴이 뭉클했다. 그 후 어린이부에서는 매달 〈소년소녀 가장 장학금〉을 줄 수 있게 되었고 12월이면 성탄 파티를 통하여 훈훈한 겨울 이야기를 나누었다.

사람들이 오며 가며 남을 돕는 것도 어쩌면 큰 봉사일 것이다. 하지만 전문 봉사단체는 하나의 큰 코드가 된다. 개인이 하기 어려운 일도 단체를 통해서 하면 사회적으로, 국가적으로 보다 효율적으로 크게 일 할 수 있다.

"추수 할 때 밭 모퉁이까지 다 거두지 말고 떨어진 이삭도 줍지 말며…"라는 성서 구절이 있다. 가난한 자들의 양식을 위해서 이웃을 배려하며 살아가라는 뜻이리라.

사랑은 봉사의 시작이고 끝이다. 일보다는 사랑이 우선이다. 감동지수와 평화지수는 정비례한다.

봉사는 인생 공부의 시작이고 건강한 사회로 가는 길이다.

오늘도 캐럴이 들리는 눈 쌓인 거리에는 사람들의 크고 작은 발자국이 조각되어 가고 있다.

a way, 스마일

삶의 기쁨은 우연이 주는 선물이다.
명작은 우연한 컷에서 나온다.
기쁨은 반사체다. 행복과는 시공간적으로 그 볼륨이 다르다.
수일 전 여의도 PEN회의에 참석하고 집으로 오는 전철 안이었다. 어린아이가 젊은 아빠에게 말했다.
"아빠, 내리면 붕어빵 사줘."
"그래…, 근데 카드로는 붕어빵을 살 수 없어."
"왜? 아빠 돈 없어?"
"…, 1000원짜리가 있어야 돼, 집에 가서…."
그 때다. 옆에 서서 책을 읽던 아저씨가 주머니에서 파란 천원짜리 지폐 한 장을 꺼내 아이 손에 들려 줬다.
"붕어빵 사 먹어라."
아이는 반짝 웃으며 "아저씨 고맙습니다!" 하고 아빠를 올려다봤다. 받아도 되는 지 묻는 얼굴로…. 2.5세 아이는 1000원에 그려진 그림과 동그라미를 몇 번이고 보고 또 세어 보았다. 그 꼬마의 햇살 같은 미소가 어른들 얼굴로 번져 갔다.

젊은 아빠는 유치원에 들러 아들을 데리고 퇴근하는 길이었다. 1000원을 주신, 앞머리에 서리가 내린 아저씨는 가장 기쁜 모습으로 총총히 걸어갔다.

나는 천천히 길을 걸으며 전철 유리문에 그려진 서민들의 미소를 보았다.

천진한 아이의 바이러스는 평화다.

「오줌 싸게 동상」이 생각난다. 브뤼셀 그랑팔리스 광장 뒷골목은 세계인들로 붐볐다. 세 뼘에 불과한 청동 꼬마동상을 보기 위해서였다. 그 길목에는 헐렁하게 멜빵바지를 입은 할아버지가 핸드 벨을 연주하고 있었다. 그의 화이트핑크 셔츠와 베이지색의 챙이 넓은 모자, 그의 섬세한 손끝에서 울려 나오는 맑은 종소리가 평화로웠다.

전쟁으로 총알이 오고 가는 격전지에 갑자기 한 꼬마가 걸어오더니 서서 쉬를 하는 게 아닌가. 병사들은 동시에 사격을 멈췄다. 그 병사들의 얼굴에 지나가는 미소가 그려진다. 적이 사라졌다.

"영원히 총을 쏘지 말자!…"

그 평화의 상징, 꼬마의 옷은 세계 정상들이 방문할 때마다 자국의 고유의상을 선물한다. 물론 우리나라 색동옷도 있다.

지금도 아찔한 오래 전 '잔 돈' 기억이다.

시야가 채 열리지 않은 새벽이었다. 버스가 바로 앞에 왔을 때 급히 올라탔다.

'어, 잔돈 지갑이 어디 갔지? 그럴 리가….' 가방을 몇 번이고 털 듯 뒤져봐도 돈이 없었다. 황급하여 주머니를 더듬는데
"저, 여기요….."
앞좌석에 앉아있던 어른이 버스비를 쩔그렁~! 통에 넣어 주었다. 그리곤 곧 팔짱을 끼고 눈을 감았다. 나는 당황하여 고맙다는 인사말도 못한 채 엉거주춤 자리에 앉았다. 버스에는 승객이 두 사람 뿐이었다. 뒷좌석 아주머니도 졸고 있었다. 이른 새벽부터 어디를 가는 것인지 옷도 신발도 두툼하게 감싼 듯한 차림으로 보아 시장이나 어디 점포 문을 열러 가는 사람들 같이 보였다. 고단한 삶의 무게가 느껴졌다. 눈발이 날린다.
나는 새벽기도 가는 길이었다. 새벽 첫 차, 잔돈이 없으면 내려야 한다. 언젠가는 오천 원을 내고 그냥 내려야 했다. 택시 탄 셈 치자 생각하니 마음이 편해졌다. 얼얼한 기억이다.
버스는 파란 색, 첫 시동을 건 버스비를 갚을 수 있기를 바라며 교회 불빛을 바라보았다.
그러던 어느 날 새벽, 텅 빈 버스 앞좌석 그 자리에 카키색 점퍼의 어른이 눈을 감고 앉아 있는 게 아닌가.
'그 어른?' 버스 요금을 내 준… 틀림없다.
'이럴 수가…!' 기뻤다.
'저-, 여기요….' 그가 깜짝 놀라 눈을 떴다. "그때 제 버스비를 내 주신 것 감사합니다." 나는 돈을 건넸다.
"아, 뭘 그런 걸 지금까지…." 어른은 쑥스러워 했지만 나는 마음이 가벼워졌다.
화폐의 가치는 필요충족 조건이다.

「1000원의 행복」, 거리의 빨간 간판이 웃고 있다.
천원이 필요하면 천원이 있으면 된다. 아이와 붕어빵, 어른과 아이, 그 사회적 등식이 아름다운 빛으로 남았다.

행복한 오후

삶의 정점은 행복한 오후다.
아침의 긴장보다 오후의 아템포(a tempo)가 좋다. 일이 끝나가는 오후, 저녁을 기다리는 시간은 행복하다.
아방가르드 조명이 번져가는 거리, 자유로운 발길, 크게 웃고 그냥 떠들 수 있는 퇴근길, 마이웨이가 좋다.
부산하던 아침도 지나가고 포만한 점심도 지나갔다.
팔짱을 끼고 창 밖을 내다 볼 수 있는 여유가 좋다. 나뭇잎이 보이고 사람이 보이는 아다지오 칸타벨라, 그 편안한 리듬과 아름다운 선율이 흐르는 오후는 카페의 에스프레소다.
체코의 작가 카프카는 친구에게 편지를 썼다.
"나는 신기한 행복에 빠져 있네. 탁자를 닦고 주전자에 물을 끓이고 창문 풍경을 바라보고 있네. 내 눈에는 무지개가 떴다네."
진하게 다가오는 일상의 색체는 문학이고 행복이다. 로맨틱 원소가 있는 한….

테이크아웃 커피를 마시며 걸어가는 셔츠 소매를 걷어 올린 젊은이들의 스타일이 경쾌하다.

마음이 있는 곳에는 에너지가 있는 것이 아닐까.

줄기차게 내리던 비가 그쳤다. 보던 책을 덮고 거리 산책을 나섰다. 길이 조용했다.

공간과 시각視覺은 비례한다. 방해받지 않는 시야확보를 위해서는 자동차와 사람 통행이 드문 오후가 좋다. 도시가 한 눈에 들어왔다. 교회, 빌딩, 패션, 상점 간판 그리고 노점풍경, 그 애환도 보였다. 전단지를 받았다. 귀찮아도 받아야 하는 것이 그것은 그 사람의 생업이니까. 나는 '식당 개점' 정보를 좋아한다. 이유는 주인이 반가워하니까.

오후의 영화관은 쾌적하다. 드문드문 앉은 사람들, 우선 실내 공기가 맑다. 나는 수년 간 영상물전문 심의위원을 했다. 그렇다고 기준을 수학처럼 풀지는 않는다.

'레터스 투 줄리엣', 첫사랑을 찾는 얘기다. 배경은 이태리의 베로나, 50년 만에 만나는 장면, 두 연인의 첫 대사, "오! 그대로야." 사운드 트랙 업-'? 우-!', 관객의 반응이다.

오랜만에 영화에 빠져버렸다(안심하고). 건조한 현실을 견디내기 위해서는 낭만지수를 높이는 것이다.

햇살같이 지나가는 행복의 순간을 화가 모네는 그의 말년의 대작 '수련'에 담았다. 파스텔 블루, 그 색조에는 우수와 그리움이 녹아 있었다.

오후의 산책 마무리는 백화점 '하늘 정원' 자작나무 울타리가 있고 '보랏빛 라벤더 꽃과 잔디 플라자가 있다. 파란 하늘과 태양을 볼 수 있는 유일한 곳이다. 잿빛 아파트가 기지개를 켜는 벤치다. 핫초코 두 잔(고객서비스용)을 받아 들고 숲 안쪽으로 들어갔다. 모자를 쓴 여인이 말을 했다. "저, 담배를 피우려는데…." "화가신가요?" "네, 저 어떻게 아셨어요?" "분위기가 그래요." 나는 차를 건넸다. 그녀는 독일에서 미술을 했고 장르는 리얼리즘이라고 했다. 괴테 하우스 얘기를 나누었다. 〈록 파우스트〉를 구상하고 있다며 전화번호를 물어왔다. 초대장을 보내주겠다고…. CQ시대가 실감난다. '통한다', '친구다.' 같은 말이 아닌가.

삶의 색채가 담긴 노래, '파두'에 반해 찾아간 나라. 포르투갈의 원로시인 루이스 데 까모이스의 시구詩句가 생각난다.

'아, 땅이 끝나고 바다가 시작되는 곳이여,'

'하늘과 바다의 경계가 사라지는 곳이여'

대서양의 등대는 까보다로카(Cabo da ROCA)를 전설처럼 비추고 있었다.

가슴이 확 트이는 시인의 파란 표석이 지금도 시원하게 다가온다.

강물에 잠긴 도시의 불빛은 마법처럼 아름답다.

"마법의 키(Key)는 가장 아름다운 추억을 떠 올리는 것이다."

'해리포터'에 나오는 대사다.

드뷔시의 '아름다운 저녁'이 들려온다.

아름다운 추억이 있는 한 저녁은 신이 주신 선물이다.

행복한 오후, 그것은 맛있는 디저트다.

"그러려니…."

차가 몹시 막혔다. 끼어드는 차가 늘어나기 시작했다. 차선이 엉켰다.

20년 만에 한국방문을 마치고 미국으로 돌아가는 어른을 모시고 공항으로 가는 길이었다.

민망했다.

"복잡해서 머무시는 동안 불편하셨지요?"

"그러려니 해야지."

'? ……!'

긴장이 풀렸다. 따뜻한 차 한 잔을 대접받은 기분이다. 차창으로 한강이 흐르고 빌딩이 보였다.

보는 각도, 빛에 따라서 색은 달라진다. 문제를 바라보는 시각의 변화, 그러니까 시각의 재구성이 필요하다. 확산적 사고의 부유함에서 사람은 느긋한 삶을 향유할 수 있을 것이리라.

감추기, 들추기 게임, 청문회 문화 속에서 우리는 너무도 날카로워져 있는 것이 아닐까.

'차도남'은 차갑고 까칠한 도시남자라는 뜻이다. 디지털 시대가 낳은 인기 있는 신조 유행어다. 한 컷에 잡히는 비주얼, 땀구멍까지 클로즈업되는 렌즈 앞에서 그 누구도 자유로울 수 없다. 까칠해질 수밖에…. 팽팽한 도시의 긴장미를 연출하는 독자적 인디 스타일, 그것이 디지털 세대의 미학이다.

카사블랑카 어느 호텔이었다. 크리스마스트리와 불빛, 멋있고 싶은 저녁이었다.

숄을 두르고 만찬장을 들어서는데 한 부인이 '햇반'을 들고 머뭇거렸다. 그때 노련해 보이는 한 웨이터가 다가가 살짝 받아 들고 주방으로 들어가며 말했다.

"오케이, 투 미닛츠!"

곧 이어 그는 따끈한 밥을 들고 나오며 찡끗하고 웃었다.

밥을 좋아하는 한국 사람이니까, '그러려니' 하는 눈치다. 훈훈한 이국의 맛이다.

나는 지금도 아날로그 카메라를 애용한다. 이유는 순한 화질이 좋다. 티도 덜 보이고…. 그래서 화장을 지우고 그냥 쉬고 싶은 날은 어머니가 생각난다.

"엄마 왜….어디 아파요?"

"그런대로 뭐, '그러려니' 하고 사는 거지. 두통 아니면 허리, 무릎, 늘 그러다가 말다가…. 이 나이에 그만하면 감사하지."

'그러려니….' 여유와 체념적 해학을 담고 있는 순수 우리말이다.

그것이 볼륨의 미학이 아닐까.

겨울이여 안녕

　미닫이문을 열고 하얀 눈이 내리는 겨울을 바라볼 수 있는 것이 행복이다.
　펄펄 날리는 눈 속에 이별, 그 혹독한 화면을 돌린다.
　스페인 크리스마스는 슬프도록 아름다웠다. 거리는 고요하고 성당은 금빛으로 빛났다. 가로등마다 은빛으로 반짝이는 성탄장식은 가던 길을 멈추고 기도하는 마음이 되게 한다. 크고 작은 골목마다 지붕끼리 이어진 아치, LED전구 투명선에는 섬세한 문양의 에델바이스, 촛불, 아기천사와 별이 고요한 밤을 빛내고 있었다. Feliz Navidad(메리 크리스마스)!
　백화점이나 호텔, 광장에서만 볼 수 있는 오색찬란한 대형 트리와는 다른 기분, 성스러웠다.
　이브는 고야의 고향 '사라고사'에서 맞게 되었다. 긴 여정 중 행운이다. 기적이 일어난 자리에 세웠다는 대 성모성당 미사는 열려 있었다. 여행자들도 잠시 들러 기도하고 헌금을 드렸다. 밝고 따뜻한 경외감, 그 휴식…, 고야 그림이 걸려 있는 성당,

그 아름다운 감격…, 실크같이 보드러운 가죽코트를 입은 검은 곱슬머리 남자들이 촛불을 켜고 품에 안은 아이에게 아기 예수 볼에 입을 맞추게 한 후, 하얀 손수건으로 입이 닿은 자리를 닦게 했다. 감동이었다.

성탄절 만찬은 스페인식 빠에야, 그 둥그런 까만 냄비, 붉은 새우에 홍합, 해물, 노란 사프란 밥의 배합, 그 색체가 플라밍고를 연상케 했다.

스페인은 태양빛을 배경으로 모든 색이 살아 숨을 쉬었다. 성별, 연령, 관계없이 자신의 멋을 누리고 산다. 쇼팽이 말년에 심신이 쇠약해졌을 때 따뜻한 나라 스페인을 찾은 이유를 알게 됐다.

예술의 산실, 그 곳엔 멋쟁이 달리, 피카소, 가우디, 엘 그레코의 명화, 더해서 세계 3대 테너 중에서 두 사람, 바르셀로나의 호세 카레라스와 마드리드 출신 플라시도 도밍고, 그리고 세르반테스까지…. 현실과 환상을 넘나드는 대 서사시, 풍자의 달인 돈키호테로 스페인의 예술은 압축되었다.

2010년 스페인은 주변국과 더불어 외환위기를 겪고 있었다. 그런데 남부 안달루시아 세비아에서 북쪽 바르셀로나까지 전국을 돌아봐도 사람들은 걱정이 없어 보였다. 가는 곳마다 궁전, 성당, 관광명소는 순금 칠이 되었고 모든 도시는 정원처럼 깨끗하게 세팅되어 있었다. 전에 본 스페인은 전후의 흔적으로 어두웠다. 관광자본에 투자한 만큼 세계 여행객들이 몰려 올 것이다. 관광예산 비중이 높은 나라니까.

프라도 미술관이 있는 거리였다. 한 중년 남자가 까만 롱코트에 검정 모직 스카프를 척 돌려 걸치고 빨간 구두를 신고 회색 은발을 휘날리며 걸어가고 있었다. 컬러 스페인! 꽃을 입에 문 '살바도르 달리'가 보이는, 색의 절정이다.

〈누구를 위하여 종은 울리나〉영화 배경이 된 톨레도, 깎아지른 절벽에 아슬하게 걸쳐 있는 그 다리를 보며 게리쿠퍼와 잉글리드 버그만의 눈보라 속에 사랑, 이별, 그 눈빛…, 극장을 나와 눈 내리는 길을 걸으며 울었던 기억이 어제 같다. 소녀시절엔 샤프한 게리쿠퍼가 좋았으니까.

에스파뇰, 플라밍고의 동적인 색감과 내전의 그림자, 그 카오스가 좋다.

외투를 입은 남자와 금융위기, 왠지 김소운 시인의 수필 〈외투〉가 떠올랐다.

펑펑 눈이 쏟아지는 역두驛頭의 송별장면,

북만주로 떠나는 유치환에게 벗어 줄 외투 한 벌 없는 자신의 궁색한 처지가 처량했던 시인의 심정이 실감났다. 지금은 상상이 안 되는 식민지의 가난이다.

폴 엘뤼아르의 시 중에서

'슬픔이여 잘 가

슬픔이여 안녕

천장 줄 속에도 너는 새겨져 있다.'

바르셀로나의 올림픽 경기장 몬주익 언덕에는 조병화 시인의 시비가 있다.

마라톤 1등을 한 대한민국의 영광을 노래한 축시다.

장하다 황영조!
겨울도 지나고 비도 그쳤고
지면에는 꽃이 피고…, (아가서)
위기가 있어 극복이 빛나는 나라, 그 추억이 있어 스페인이 좋다.
Espero Que Sea Feliz(에스페로 께 쎄아 펠리즈: 행복하길 바랍니다.)
스페인, 그들은 빛나는 역사 유산을 갖고 있다.
역사는 보물이다.
스페인의 겨울은 혹독하지 않았다.

3부
고향, 그 交響詩

장벽, 그리고 Ostern!

 노동 공구工具, 그 소품으로 장식된 천장이 나즈막한 레스토랑의 촛불, 가득 메운 사람들의 떠들썩한 웃음소리가 낯설었다. 막걸리 주전자만한 족발을 들고 흑맥주 잔을 부딪치며
 "Guten Appetit!", 건배하는 독일인들의 "구텐 아페티트!", 그 우렁찬 목소리, 그 어리둥절한 분위기 속에서 나는 그렇게 특이하게 짜거운 스프에 맥주를 타서 마셔야 했다. 간을 맞춘 것이다.
 칼로 베어 먹는 그 거대한 족발, 그 식욕을 감당할 수가 없었다. 맛있는 고기를 남기는 것을 지켜보며 심히 안타까워하는 나이가 지긋한 웨이터에게 나는 말했다.
 "Danke, Sehr Gut~ 맛있어요."
 너무 배가 불러서… 미안하다는 싸인에 무뚝뚝한 그가 모처럼 환하게 웃으며 엄지손가락을 치켜 올렸다.
 베를린, 그 장벽이 무너지고 하나가 된 독일은 그렇게 함께 풍족한 식사를 하고 있었다.

Frohe Ostern~!!

부활절을 축하하는 하늘색 달걀모양의 카드가 헤르만 헤세가 일하던 서점 유리창에서 손을 흔들고 있었다.

남부 튀빙겐 네카강 언덕에 자리한 중세 귀족이 살던 예쁜 대학 마을에서 헤세의 시적인 문장을 실감할 수 있었다.

동서가 만난 독일 부활축제는 온 도시, 마을마다 교회, 성당 종소리가 울려 퍼지고 거리 상점, 호텔은 달걀아트 장식을 하고 휴가를 즐겼다.

이스트사이드, 그 베를린 장벽에서 듣는 우렁찬 종소리를 어찌 잊을 수 있겠는가. 그렇게 분단 상처가 아물어가는 길목에 서서 연주하는 바이올린의 가냘픈 선율은 구동독의 그림자, 그 석양에 비낀 노스텔지아를 본다.

지금도 서독국민들은 통일세를 내고 있지만 하나의 국가가 된 독일은 크게 보였다.

드레스덴은 초호화 현대식호텔 건축물과 함께 작센왕조의 수도, 그 찬란한 궁정문화, 음악, 예술, 공학 도시로 새롭게 복원되고 있다. 구동독의 옷을 벗고…

박근혜 대통령의 「드레스덴 선언」 때문일까, 거리 사람들이 남다르게 다가왔다.

왠지 먹먹하다. 이국땅에서 자국의 통일구상을 발표해야 하는 그 심정…,

우리 남과 북이 미래세대를 위한 경제, 문화, 환경, 교육프로그램을 통합운영하자는 내용, 그 실현가능성에 주사위를 던지며 육중한 교회 문을 두드렸다.

「메타포르젠」, 리하르트 슈트라우스는 드레스덴의 젬퍼오페라 하우스가 전쟁으로 무너져 내리는 현장을 보며, 그 슬픔의 강도를 묘사한 일명 독일비가悲歌, 「독주 현악을 위한」 곡 타이틀이다. 변모를 뜻하는 표제가 암시하듯 파괴에서 재건으로 꿈에 그리던 그 우아한 자태가 다시 웃고 있다.

우리는 지금 창조경제에 매달리고 있다. 소프트웨어가 창출하는 경제효과다.

19세기 독일 루드비히 2세는 시, 음악, 미술 등 예술 애호가였다. 독일 오페라의 발전을 위해서 바그너 오페라 공연장을 별장에 짓고 문화, 예술 발전을 독려했다고 한다.

철벽같은 이데올로기도 게르만 민족의 긍지, 문화, 예술, 종교, 역사, 그들의 그 뿌리 깊은 민족의 동질성을 뛰어넘을 수는 없었던 것이다.

국가 지도자의 콘텐츠가 중요한 이유다. 창조경제는 문화 예술 장려에서부터 시작돼야 한다. 원고료 없는 문학, 그 어떤 천재가 글을 쓰겠는가. 괴테가 천재라지만 그에게는 넉넉한 경제 배경이 있었다. 이 나라의 인재들도 그 천재성을 발휘할 수 있도록 국가가 힘을 모아야 할 때다.

그날 베를린엔 비가 그쳤다.

해맑은 파란 하늘에 그려진 두 마리의 하얀 비둘기가 작은 나무십자가 상에서 만나는 벽화를 배경으로 사진을 찍었다

부활주일 이스트사이드에 울려 퍼지는 교회 종소리에서 소망의 별을 본다.

고향, 그 交響詩

고향은 영원한 교향시다.

드보르작의 'Going Home'이 시공을 넘어서 사랑받는 이유다.

평양고보 수재들, 그 정기로 빛나는 웅대한 산맥, 한반도의 격동기 근 한 세기를 지켜보며 살아온 그들의 눈빛은 열정과 낭만, Dreaming한 이상으로 눈이 부시다.

올해로 망향 70년! 찾아야 할 고향, 찾아야 할 가족이 있는 사람들은 지금도 청년이다.

"알치 말라요!"

"……! 살아 있자."

고향의 밥상에 둘러앉을 때까지 그들은 아프지도 늙지도 말아야 한다.

내가 '평고인'이 대단하다는 것을 알게 된 것은 오주회五週會(평고 38회)에 참석하고 부터다. 다섯 주에 한 번 씩 을지로 우래옥 냉면집에서 동부인해서 만나는 20여 명의 소그룹이다. 사회적 부와 명예, 그 고하를 떠나서 평양고보 남성들의 지성과 스케일에 압도당하는 그 기분도 괜찮았다. 대체로 과묵하지만 그 수재들의 시각은 넓고 어떤 이슈에 대한 집중력, 세계를 바라보는 안목과 시대감각이 예리했다. 타향에서 사회적으로 가정적으로 반석 같은 토대를 세운 그들을 존경한다.

교회가 끝나는 시간에 모이면 음식이 달다. 크고 둥그런 놋쇠쟁반에 듬뿍 담겨 나오는 평양식 어복쟁반, 거기에 푸짐한 물냉면까지….

"어서 드시라요."

남편 윤병로(38회) 교수는 평양사람이고 평양고보 출신, 나는 서울사람이고 경기여고 출신이다. 맞선을 볼 때였다.

"저는 고집이 세고 하고 싶은 일은 꼭 해야 하는 성격인데요."

"개성 있는 사람을 좋아합니다."

"?"

당시에는 남성들이 가장 싫어하는 말인데 그 평고인은 한 마디로 접수했다. 그는 추진력이 강하고 겉치레보다는 내용에 충실했다. 우리 집 경제권은 그이가 쥐고 있었다. 옷은 소탈해도 음식은 다르다. 평양과 서울 밥상은 차이가 크다. 서울 음식은 떡도 만두도 뭐든지 쬐끔해서 간지럽다고 했다. 서울 상차림은 양보다 모양새가 얌전해야 한다. 그 갭을 그는 남이 흉내낼 수 없는 위트로 운영해 나갔다. 나의 고집을 개성으로 인정하면서….

2002년 6월 우리 부부는 남편의 고향 평양을 방문했다.

KAL편으로 순안공항까지 50분 만에 도착했다. 하얀 들꽃이 깔려 있는 공항은 적막이 흘렀다. 일행은 300여명, 성직자, 교수, 기업인, 방송, 신문, 언론인들로 남북연합예배가 방문 목적이었기 때문에「한민족 복지재단」주최다. 그때는 어린이에게 빵과 의약품을 제공하는 크리스천 봉사 단체였다.

고려호텔 18층, 우리 룸에서는 평양 시내가 한눈에 조망되었다.

"내가 순안에서 기차로 통학하던 철로길이 보이네!"

다음 날 만수대를 지나는 버스 창 밖을 내다보던 그는 말이 없었다. 평양고보 교사가 있던 자리는 텅 빈 공간이었다. 그의 뒷모습이 한없이 허탈해 보였다.

    대동강 물에/ 손을 담그고/ 하늘을/ 쳐다보았다/ 빈 나룻배는/ 시린 바람을 싣고/ 흐느꼈다/ 능라도는/ 강물에 얼굴을 묻고/ 대동강 다리는/ 먼 산을 바라보았다/ 난간에 앉은 새는/ 한 조각 구름에/ 날개를 부빈다/ 대동강 물에/ 손을 담그고/ 하늘을 본다/ 나그네 50년/ 찾아 온 고향/ 네 집은 어딘가/ 바람이 묻는다

                                             - 이명희 詩 〈고향의 대동강〉

서울과 평양, 그 공간 배경 상, 그는 나와 공유할 수 없는 외로운 추억이 있음을 알게 됐다. 그가 早春 시절 거닐었을 대동강변 부벽루는 소설 '청춘극장靑春劇場' 무대다. 후에 알았지만 저자 金來成은 평고(19회) 출신이다. 식민지시대, 1939년 봄, 주인공은 대통령, 땅개, 꼬마신랑이라는 별명을 가진 조선학생

들이다. 고교 졸업식 송별회에서 야기되는 동료 간의 갈등과 악질 일본인 선생의 교활한 모순을 한 방에 날려버리는 펜촉 같은 유머와 검도 2단의 박력, 그 스마트한 스케일에 반해서 꼬박 밤을 새워 읽었던 소녀시절이 생각난다. 통쾌한 대작이다.

남편 집안에도 평고인이 많다. 그 중에도 李太熙(19회) 전 검찰총장님은 6촌 형, 부산 피난시절엔 그 댁에서 함께 살았기 때문에 고생하지 않았다고 했다. 외사촌 李星熙(21회) 형님은 우리 신혼 때 마당이 넓은 집도 사주셨다. 프레임이 큰 분들이다.

현승종(26회) 전 국무총리님이 성대총장 시절이었다. 윤 박사가 국비해외연구교수로 동경대학에 가게 되었을 때 아이들에게 크게 도움을 주신 분이다. 그 내용을 쓰려면 장편 수필이 되기에 줄이고 잊어서는 안 되는 존경하는 분이 됐다. 그 어른은 관료적 고정관념도 권위의식도 내려놓으시고 사람, 그 현실을 존중하는 고매한 판단력과 실존적 사랑을 실천하신 평양고보의 인격교육, 그 이상을 이룬 분이다.

평고 교가 2절 후렴부가 눈길을 끈다.

남보다 더욱 높은 보람 못 내면/-중략-/ 하늘의 은혜 또한 갚을 길 없다.

하늘의 은혜를 아는 사람들, 과연 그 정신이 최고가 되는 배경이 된 것이다.

오늘은 유난히 하늘이 푸르다. 그가 남긴…, 보석 같이 아끼던 평고보 교모와 교사가 새겨진 동창회원패, 금빛 벨트버클을 꺼내 본다. 2005년 「자랑스러운 평고인」 그 상을 받던 날, 사진을 다시 보니 그의 긍지와 기백, 그 느낌이 전해온다.

평양고보 동문회 명단을 보고 그 누가 압도당하지 않겠는가. 국내, 해외 동문들, 그 정치, 경제, 교육, 문학, 예술, 의료, 국방까지 정상을 휩쓴 천재들의 금자탑 앞에 고개가 숙여진다.

"통일이 되어 모교를 다시 세우는 그 날까지 열심히 살아서 평고 후배들에게 부끄럽지 않은 선배가 되자!" 그 동문의 글을 보며 같은 기도를 드린다.

금년 봄, 베를린 이스트사이드 장벽에 울려 퍼지던 부활주일 교회 종소리를 어찌 잊겠는가. 흐르는 눈물… 주는 아시오니!

하나가 된 독일은 크게 보였다.

"Guten Appetit!" 철철 넘치는 생맥주 잔을 세차게 부딪치며 건배를 외쳤다.

이제 남편의 추억, 평고와 고향음식이 더 좋아졌다. 평양식 김치말이, 만두, 녹두전, 도리탕, 냉면 솜씨는 남편이 인정했으니까.

요즈음 五週 회원은 강인덕, 김상준, 김신경, 김인선, 김준식, 선우현범, 이득주 외 몇 분이 오붓하게 친교를 나눈다. 그 수재들의 눈빛에는 많은 이야기가 있다. 그러나 말이 없는 평고보의 모범생 모습이다.

첼로의 하드케이스 같은 그 속이 궁금해서 어느 날 물었다.

"평고 학생 시절에 좋아하던 여학생, 지금도 생각나요?"

"당연히! ……!" 이구동성이다.

"생각나지요. 교문을 나서면 서문여고…."

옆에 부인들이 있으니 날래게 말을 삼켰지만, 아! 그 천재들 얼굴에도 한줄기 봄 햇살이 스쳐갔다. 남학생 그 눈빛….

「지금도 대동강은 흐른다.」평고 동문회 에세이를 한 장씩 읽어 나간다.

그들의 고향은 끝나지 않은 교향시交響詩다.

명동 이방인

　세계는 지금 여러 장르를 소화하며 하나의 속도로 흘러가고 있다. 음악이 그렇고 음식, 언어, 패션이 또한 그렇다.
　한 자루의 촛불 아래 얼굴을 마주보며 먹고 마시고 웃고 떠들썩한 포츠담(구 동독) 어느 레스토랑, 커다란 족발을 들고 맥주잔을 부딪치며 건배! 서로의 행운을 기원하는 그 곳은 이미 이방異邦이 아니었다.
　이별의 슬픔과 만남의 기쁨, 그 삶의 노래가 같은 사람들은 창조주 안에서 하나다.
　압구정동 작은 골목 안에 있는 만두 가게였다.
　"김치만두…", 돌아보니 히잡을 쓴 젊은 여자는 너무도 익숙한 표정이었다.
　이미 자연스런 서울거리 풍경이다.
　낯익은 거리, 낯선 사람들, 말이 다르고 얼굴이 달라도, 의상, 화장, 그 발랄한 리듬이 닮은 젊은이들의 물결을 헤집고 나의 젊은 날이 날아다니는 명동을 걷는다. '센추리', '오비스 캐

빈', '돌체', '기쁜 소리사'가 있던 골목들, 유네스코 꼭대기 스카이라운지는 신중현의 전위음악이 울리던 곳, 그 스타들의 현란한 조명을 받으며 '한일관'의 불고기, 냉면…, 그 진미를 어찌 잊겠는가.

 국립극장을 중심으로 사방으로 열려 나가는 길들을 따라 밀려드는 이방인들….

 저녁이 내리는 명동은 이국의 먹거리 야시장을 방불케 하는 국적 불명의 거리음식으로 산해진미의 향연장이 펼쳐진다.

 숯불 문어꼬치, 철판구이, 오색과일, 터키 아이스크림, 케밥, 불타는 떡볶이, 회오리 감자튀김 등…. 리어카 좌판마다 형형색색의 불빛, 영팝, 스타일리시한 청년들이 척척 만들어 내놓는 현란한 요리솜씨, 그 마력에 끌려 불나방처럼 몰려드는 멋쟁이 식객들로 명동은 이제 국제 축제장이 되었다.

 중저가의 세계 유명 브랜드 패션점들, 상권을 장악한 코리아 화장품 샵이 늘어선 거리 앞에는 니하오[你好]!로 시작해서 영어, 일어 외에 명동 입구에 세워진 환영탑에는 각국의 인사말이 Bonjour! Danke! Gracias! 원어로 쓰여 있다.

 요즘은 특히 중국어 몇 마디를 모르면 거리에서 어깨를 부딪쳐도 미안하다는 인사를 못해 교양인의 체면이… 그렇다.

 하루가 다르게 밀려오는 외국인들, 한국도 이제 그 인식의 변화가 필요할 때다.

 오늘의 유럽은 나라마다 국적불명의 사람들로 흘러 넘쳤다. EU, 그 유럽연합이라는 파워는 모든 국경, 그 경계선을 지워버렸다. 자유로운 출입이 주는 그 해방감은 상상을 초월했다. 국가와 국가 사이를 이웃마을 놀러가듯 드나들 수 있다는 그 믿기지 않는 현장, 네덜란드, 벨기에, 쾰른, 파리, 그 곳엔 영어, 불어, 스페니시가 혼용되고 있었다. 유럽인들은 동양 사람을 보면 상점이든 식당이든 무조건 짜이지엔[再见]! 한다.

인류사회에 있어서 나라, 민족의 경계선 그 내셔널리즘이 가장 허물기 어려운 문제였다. 이미 한국도 인구조성이 변모하고 있다. 다문화가족, 조선족, 고려인, 그리고 새터민 이제 그 용어도 폐기처분해야 할 때가 아닐까. 선을 긋는 편견, 지워야 한다.

이렇게 급변하는 사회 구성인의 배경 속에서 우리의 문학 또한 그 시각의 폭이 확대되어야 할 것이다. 특히 지엽적인 정서 토착에서 탈피해야 하지 않을까. 동서 문화의 벽은 이미 사라졌다. 문학 역시 그 무대는 세계가 되어야 할 것이다. 공감하는 인류는 아름답다.

한반도의 허리를 지나간 그 선, 어느 때보다도 부끄럽다. 이국인들 앞에서…

까뮈의 '이방인'이 생각나는 것은 왜일까.

이제는 국제사회로 가는 길, 경제소통이 구심점이 되면서 문화, 예술, 환경에서 인권에 이르기까지 글로벌 관심사가 되었다. 곡선이 된 것이다.

서로를 모르는 사람들, 아니 그대로 어울려서 좋은 이방, 브뤼헤의 와플을 나누며 각자의 언어로 웃고 떠들고 눈빛으로 알아채는, 그래서 더 재미있는…

"Ca va bien!"(싸바비엥)

"안녕!"

국경 없는 샴페인의 밤…

여행객들의 헤어컬러가 이방인의 밤을 지워가고 있던 그 날의 기억이 새롭다.

낯익은 거리, 낯선 얼굴, 그 거리에서 나는 이방인이 되어 명동 25시를 걷는다.

비창 悲愴

아침부터 비가 내린다. 참새 앉은 나뭇가지가 떨고 있다.
1950년 8월, 그 날도 비가 부슬부슬 내리고 있었다. 아침상을 차리는데 웬 남자들이 우리 마당으로 들어섰다. 언뜻 보기엔 시골마을 사람들 같이 보였다. 그런데 베잠방이에 밀짚모자를 눌러 쓴 사람 뒤에 선 남자는 허름한 점퍼차림에 따발총을 메고 있는 게 아닌가.
우리 식구는 한쪽으로 몰려 섰다. 어머니 얼굴이 백짓장이 되었다. 그때 밀짚모자가 물었다.
"서울에서 왔습니까? 아들은 어디 갔습니까?"
"……."
그때 주인집 할아버지가 신발을 고쳐 신으며 급히 들어왔다.
"아주머니, 놀라지 마시지라우, 이분들이 해치지는 않을 것이지라우."
드디어 불안해 하던 날이 온 것이다. 군인가족 리스트에 대한 소문을 듣고 있던 차였다.

"읍내 사무소(치안대)로 갑시다."

따발총 남자가 말했다. 우리 가족은 이미 죽은 사람처럼 그들을 따라 갔다. 논길을 따라 한 줄로 서서 끌려갔다. 앞에는 밀짚모자 남자가 서고 맨 뒤에는 따발총이 호위(?)를 했다.

어머니 뒤에는 아기를 안은 올케, 나, 언니, 4살 동생도 함께 길게 길게 줄을 지어 끌려가는 우리 머리에는 비가 끊임없이 내렸다. 읍내까지 5리. 그 길은 죽음으로 가는 길이었다. 두려움조차 느낄 수 없었다. 이미 마취된 실험실의 개구리처럼 오감이 마비되어서일까. 아무 느낌이 없었다. 감정이 공백 상태, 그것은 저승으로 가는 혼의 그림자 같았다.

논틀, 밭틀 길을 지나고 아스팔트 길이 나왔다. 따발총 남자가 허름한 건물 한쪽 귀퉁이 문을 열고 들어갔다.

"들어들 오시오."

안에서 굵은 남자의 음성이 들려 나왔다. 비에 젖은 옷 때문인지 몸이 사시나무처럼 떨려왔다. 도중에 합류한 하얀 모시정장을 한 변호사를 따라 우리는 들어갔다. 점잖은 변호사는 납덩이처럼 굳어 있었다.

빨간 견장을 단 인민군복을 입은 남자가 책상에 앉아 있었다. 그는 우리를 한참동안 말없이 쳐다보았다.

"남자 동무는 없소?"

"……"

그는 장부를 훑어보았다. 아기가 울었다. 빨간 견장 남자는 아기에게 시선을 보냈다.

"아기가 왜 그렇소? 병이 심해 보이오."

7개월 된 조카는 정수리부터 발바닥까지 까만 수두딱지 같은 종기가 촘촘 나 있었다.
"약이 없어서…."
어머니는 울먹였다.
"어머니 동무가 고생이 많소."
아기가 부시럭거릴 때마다 빗물이 떨어졌다.
"……."
빨간 견장 단 남자가 무겁게 입을 열었다.
"어머니 동무, 아이들과 돌아가서 곧장 그 마을을 뜨시오."
"변호사 동무는 남으시오."
우리 식구는 정신 없이 그 건물을 빠져 나왔다. 혹시 따발총이 다시 부를 것 같아서….
땅거미가 내리는 들녘을 지나 마을로 돌아오는 길은 홍시 감빛처럼 붉었다.
타 들어가던 8월이 지나고 9월 어느 날 아기는 죽었다. 꿈꾸는 것 같았다. 잿빛 새벽, 아기를 안은 어머니와 작은 부삽을 든 올케가 조용히 안개 속으로 사라져갔다.
동이 터서 돌아오는 어머니의 품에는 아기가 안보였다. 올케 신발에는 이슬이 맺혀 있었다.
첫 아기를 잃고도 소리내어 울 수 없는 올케, 이웃에게 들키면 살아남을 수 없는 군인가족 리스트는 우리가 숨쉬는 것을 허락하지 않았다.
표시할 수 없었던 아기 무덤.
'아기가 병이 심해 보이오.'

아기는 우리 가족을 대신해서 울었고 우리는 살아 돌아왔다.
가을비가 내린다. 차이코프스키의 비창悲愴이 흐른다. 피난처 그 어느 야산에 잠들은 아가야, '안녕-'이란 말도 못했었지, 미안해, 너는 보랏빛 들국화로 우리 모두의 가슴에 영원히 남을 거야!

그해 최고의 날

 까치가 둥지로 날아왔다. 청색 하늘이 보이고 나무가 보이고 까치집이 보이는 넓은 유리창문으로 나는 다가갔다. 맑은 날이다.
 50년 10월 하순이었다. 대전 역은 피난민으로 북새통을 이루고 있었다. 어른 아이들 할 것 없이 보따리를 짊어진 사람들로 뒤엉킨 남루한 정경은 전쟁화보 그대로였다.
 올케와 나는 어제 남원 역을 떠나서 전주를 거쳐 방금 트럭에서 내렸다. 우리는 큰오빠를 찾아가는 길이다. 지난 6월 27일 새벽에 전쟁터로 떠난 후 오빠는 죽었는지 살았는지 감감무소식이었다.
 9·28수복 후 부상한 군인들은 대구나 부산으로 후송됐다는 풍문을 듣고 무작정 길을 나선 것이다. 우리는 다행히 운송용 군트럭을 얻어 탈 수 있었다.
 남원에서 전주까지 나오는 길은 험한 협곡에다가 아직도 산속 여기저기서 연기가 피어오르고 있었다. 우리는 짐 틈바귀에 몸을 숨기고 운전병도 바짝 긴장하여 머리를 숙인 채 운전을 했다. 무섭고 떨리는 데다가 어찌나 트럭이 흔들리는지 밧줄을 움켜잡은 손에서 피가 흘렀다. 전주에서 하룻밤을 묵은 여관은 삼척냉고래에 걸칠 이불도 없어서 올케와 나는 냉동 새우가 되었다. 꼭두새벽부터 일어나 국밥을 한 술 뜨고 논산을 경유해서 점심때가 지나 대전에 닿으니 배가 몹시 고팠다.

역전에는 요깃거리를 파는 아낙네들로 시끌시끌했다. 하얀 수건을 머리에 쓴 아주머니가 말아주는 국수장국이 먹음직스러워 보였다. 한 그릇에 100환, 우리는 침을 삼키며 돌아서야 했다. 팥죽은 50환, 올케와 내가 팥죽으로 요기를 하고 나니 달랑 100환이 남았다.

그 돈도 김천에 가면 사용할 수 없다고 한다.

옷소매를 파고드는 바람이 쌀쌀해졌다.

나는 기차 앞에 똑바로 섰다. 왼손 바닥에 침을 뱉고 오른손 검지와 장지를 쭉 펴서 침방울을 탁 쳤다. 침이 남쪽으로 많이 튀면 대구로 가고 북쪽으로 튀면 서울로 가기로 한 것이다. 아! 침이 남쪽으로 튀었다.

올케와 나는 대구행 화물칸에 올라탔다. 공짜였다. 운전병이 정보를 준 것이다. 서울에는 아버지와 작은오빠가 있고 큰오빠는 살았다면 대구나 부산에 있을 것 같았다. 물론 서울 식구의 생사도 모른다. 어머니와 나는 남원에 근무지가 있는 큰오빠 집에 갔다가 6·25를 만난 것이다.

곧 겨울이 닥쳐오는데 그대로 주저앉아서 마냥 기다릴 수는 없는 일. 여비도 없는 판에 온 식구가 길을 나섰다가 못 찾으면

떼거지가 될 것이 아닌가. 해서 올케와 내가 가족 찾기 대표가 된 것이다.

우리 둘은 집에서부터 비장한 각오를 하고 길을 떠났다. 대구에 가서 큰오빠를 못 찾으면 동냥을 하면서라도 걸어서 서울로 가기로 하였다.

화물칸엔 창문이 없어 캄캄했다. 바닥에 깔린 가마니때기에 올케는 웅크리고 누워 잠이 들었다. 아니 실신한 것 같았다. 올케는 그때 임신 7개월이었다.

기차가 김천에 섰다. 나는 출입문을 열고 내다보았다. 부산-서울행 기차가 칙- 길게 연기를 토하며 들어왔다. 객차 문이 열렸다. 출입문 손잡이를 잡고 서 있는 젊은 군인의 옆모습이 보였다. 그 모습이 작은오빠 같았다. 그럴 리가 없지만 나는 그저 "작은오빠!" 하고 소리쳐 불러보았다. 그때 젊은 군인이 내 쪽을 향하여 뛰어 오는 것이 아닌가?

'아, 작은오빠-.'

가까이 다가온 군인은 분명히 작은오빠였다.

"어, 명희-!"

작은오빠는 우리 화물칸으로 올라왔다. 사실은 우리 옆 칸의 작은오빠 친구를 보고 이쪽으로 오던 중에 내 목소리를 들었다고 했다. 기적이다, 이렇게 극적인 만남이 또 있을까. 서울 식구는 큰오빠와 함께 대구에 잘 있다고 했다.

우리 식구는 모두 살아 있다. 된 거다.

작은오빠는 주머니에서 파란 새 돈을 꺼냈다. 두툼했다. 올케가 눈을 번쩍 떴다.

"김밥 사이소," "사과 사이소!" 홍시 감에 시루떡, 콩엿까지 없는 게 없었다. 작은오빠는 한없이 사들였다. 올케는 정신없이 먹었다. 딴 세상에 온 것이다.

작은오빠는 우리를 데리고 다시 대구행을 탔다. 서울에 이삿짐을 가지러 가던 중에 동생과 형수를 찾게 된 것이다.

우리는 늦은 저녁에 대구 역에 내렸다. 어두운 길을 지나서 외등이 켜진 넓은 거리가 나왔다. 길가에 이층집이 보였다. 우리 집이라고 했다. 문을 열었다. 눈이 부셨다. 넓은 장판방, 놋화로에 장죽을 걸치고 보료에 앉아 있는 아버지가 보였다. 맞다. 우리 아버지다.

"아버지!"

"너희들…! ……?"

올케와 나 그리고 문 쪽을 번갈아 보시는 아버지의 표정은 반가움과 더한 불안이 교차하고 있었다.

"어머님이랑 다 무사해요."

올케의 목소리가 떨렸다.

"살아 있었구나!"

아버지는 얼굴에 화색이 돌았다.

"저녁 시켜라, 빨리-."

곧 떡국이 배달됐다. 올케는 떡국 한 대접을 뚝딱 먹었다. 김가루를 뿌린 짭짤한 대구 떡국이 그렇게 맛이 있을 수가 없었다.

신문으로 남원 쪽에 수소문을 하였지만 통 소식을 알 길이 없었다고 한다.

다음 날 아침, 우리 집 유리창으로 내다보이는 종탑이 있는 남성로 거리는 깨끗하고 시원하였다.

정지됐던 화면이 돌아가듯 아버지의 활동은 4배속이 되셨다.

달포 만에 어렵게 모셔온 어머니와 한데 모인 우리 식구들 먹거리, 입을 거리 장만으로….

그해 12월은 우리 가족에게 최고의 날들이었다.

어머니의 기도

까치 소리가 들리는 아침은 언제나 기분이 좋다.
"누가 오려나?" 반가운 사람을 그려본다.
1950년 가을 얘기다. 국군이 다시 들어오기 전까지 6.25부터 9.28까지 3개여월을 산골에 숨어 살다가 남원 시내관사로 돌아왔다. 텅 빈 집은 어수선했다. 사변이 터지자 곧바로 전쟁터로 나간 큰오빠는 생사조차 알 수가 없었다. 살 길이 막막했다. 어머니는 까치 소리만 나면 대문을 열어 놓고 서성거리셨다. 눈이 빠지도록 기다린다는 그 끔찍한 말을 나는 그때 실감했다. 어머니의 눈은 삼눈병을 앓는 사람처럼 핏빛이었다. 안약으로 고칠 수 있는 눈병이 아니었다. 아들을 사지에 보낸 어머니는 날밤을 세우시며 그렇게 기도하셨다.
"생명에는 지장이 없는 어깻죽지에 부상을 입고서라도 제발 그저 살아만 돌아오게 하여 주옵소서."
어머니는 때와 장소를 가리지 않고 앉으나 서나 소원을 비셨다. 군부대로 여기저기 백방으로 쫓아다니며 알아보았지만 큰오빠의 소식은 캄캄했다. 살아 있다면 대구나 부산으로 갔을 거라는 풍문이 돌았다.

 10월, 서리가 내리고 가을 바람이 쌀쌀해졌다. 그냥 그대로 주저앉아서 죽었는지 살았는지도 모를 오빠를 마냥 기다릴 수는 없었다. 다섯 식구 중 올케와 내가 대표로 오빠 찾기 길을 떠났다. 어머니는 집에서 혹시 찾아올지도 모르는 오빠를 기다리기로 한 것이다. 노자도 없이 동저고리 바람으로 올케와 내가 집을 떠난 후 달포가 넘도록 아무 기별이 없으니 그때 어머니의 가슴은 숯가마가 되었으리라.

 나의 수필 〈딸이 딸에게〉에 있는 '그 해 최고의 날'의 뒷얘기가 되겠다. 올케와 나는 다행히도 군 트럭을 얻어 타고 전주 논산을 거쳐 대전에서 부산으로 가는 화물열차를 탈 수 있었다. 돈도 떨어지고 배도 고팠다. 김천 역에서 서울로 가는 상행열차와 하행열차가 잠시 교차하는 찰나에 우리에게 기적이 일어났다. 상행 선에 작은 오빠가 타고 있었다. 보는 순간 나는 목이 터져라 오빠를 불렀다. 믿어지지 않는 재회의 기쁨을 나누며 대구로 갔다. 그 곳 집에는 큰오빠와 서울에서 이산되었던 아버지와 여덟 살 된 남동생도 있었다. 꿈같은 날이었다. 모두 살아 있었다니….

 대구에서는 남원에 처진 식구를 찾기 위해서 신문에도 내고 전주까지 갔다가 길이 막혀서 돌아오곤 했다고 한다. 전주에서 남원구간은 그때까지도 위험해서 통행이 통제되어 있었다. 그러나 어머니가 살아 계신 것을 안 이상 무엇이 두렵겠는가. 위험을 무릅쓰고 남원 행을 서둘렀지만 접근 방도를 찾기까지 시간이 걸렸다. 겨울은 닥쳐오는데… 어머니 걱정에 아버지는 몸살이 나셨다.

　11월 말 추운 날, 작은오빠는 죽을 각오로 차를 몰아 남원을 향해 떠났다.

　훗날 어머니에게 들은 얘기다. 그 날은 아침부터 까치들이 까무러치듯 짖었다고 한다. 하도 이상해서 어머니가 현관문을 나서는데 밖에서 부르릉 자동차 소리가 나고 대문이 열리고 작은오빠가 들어왔다고 하셨다.

"어머니…!"

"너 작은 애냐? …큰형이 살았어? 아버지도? 형수와 명희가 대구에 있다고? 아이구, 그런 것을…"

"명희를 기차에서 만났다니…, 하늘이 도왔구나."

"서울로 이삿짐 가지러 가던 중이었는데…"

서울이 수복되자 큰형이 서울 집에 와서 아버지랑 곧장 대구로 갔다고 했다. 3개월 동안 생과 사를 넘고 넘은 얘기로 모자는 밤을 지새웠다.

"왜 난리가 난 즉시 남원으로 오지 않았니?"

"한강을 건널 수가 없어서…, 아무튼 양식을 구하러 다니다가 심문에 걸려서 총살을 당할 뻔도 했고요."

"그럴 줄 알고 쌀을 준비해 놓고 날마다 남원 역전에 나가서 기다렸잖니. 서울 피난민들이 쏟아져 내려오는데…, 끝까지 기다리다가 급해져서 가까운 시골로 피했지. 주인집을 잘 만나서 살아났지만 폭격 중에 끌려도 가고… 그 고생 이루 다 어떻게 말로 할 수 있겠니."

고향, 그 交響詩 • 143

다음 날 작은 오빠는 어머니를 모시고 오는 길에 우여곡절을 겪으며 대구에 무사히 도착했다.

전깃불이 환하게 켜진 대구 집에서 먹는 것 입는 것 걱정 없이 우리 식구들은 따뜻한 겨울을 맞이할 수 있었다. 그 해 성탄절 종소리는 크게 들렸다.

아, 그때 큰오빠는 손에 부상을 입고 부산으로 이송되어 입원 치료를 받았다고 한다. 흉터는 지금까지도 진하게 남아 있다.

나는 지금도 그때 그 시절 어머니의 기도를 생각한다.

가을이면 마당에 감이 열렸다는 어머니 고향은 조치원이다.

파란 하늘에 붉은 홍시알, 까치 밥이 떴다.

멀리 그리운 어머니의 기도처럼….

백두산 노정, 숭늉맛

 잠이 깨었다. 밖에 바람이 부는 지 창문이 흔들린다. 갈증이 난다. 진한 숭늉 생각이 난다. 한밤중에 난데없이 웬 숭늉, 오래 잊고 있었다.
 어머니는 늘 숭늉을 끓이셨다. 어머니가 떠 주시던 따끈한 숭늉 한 대접이 이렇게 그리울 줄이야. 숭늉은 밥상에서 빠질 수 없는 우리나라 가정의 전통차다.
 요즘 갑자기 한국과 중국간에 발해, 고구려 역사를 놓고 신경을 세우는 엉뚱한 일이 조심스럽게 일고 있다. 중국 역사라고? 말도 안 된다.
 나는 95년 베이징 NGO세계대회에 참석했다. 그 차에 심양을 거쳐 백두산을 가게 되었다. 하늘을 찌를 듯 높이 솟은 소나무 숲 사이로 죽 뚫린 뽀얀 흙길을 버스로 대여섯 시간 달렸다. 땅도 하늘도 나무도 낯설지가 않다. 우리 시골 바로 그 빛깔이다. 노정에 들린 식당에서는 식후에 커다란 양푼 눌은밥까지 나오는 것이 아닌가. 놀랍고 구수하고 그 훈기가 어머니의 밥상을 떠올리게 했다. 하얗게 김이 오르는 부엌 장작불 가마솥, 주걱으로 밥을 푸는 아주머니의 둥그런 뒷모습이 어머니를 닮았다.
 "참깨 삽세, 고사리 사기요", 나무세 소쿠리를 들고 다니며 파는 여인들도 어릴 때 보던 골목 아줌마들 같았다. 나는 참깨도 사고 고사리도 샀다. 시골 추석장에 간 기분이 들었다.
 백두산에 올랐다. 온통 짙푸른 시야, 그것은 하늘인가, 담청빛 거울처럼 눈부신 천지天地가 거기에 있었다.
 '오, 하나님!', 눈물이 펑펑 쏟아져 내렸다. 나는 한동안 경이로운 감전에 움직일 수가 없었다. 하늘을 향해 두 팔을 든 채, '하나님은 우리 역사를 아십니다.', 천지폭포 소리가 통곡처럼 들렸다. 우리민족 아픔의 현장이 아니겠는가.
 온천 주변의 영세한 가게들은 조선족이 많았다. 나는 백두산이 그려진 셔츠 등 기념품을 두루 샀다. "고맙수다.", 그들은 팔아주는 내 마음을 알고 있는 모양이었다.
 백두산 줄기를 타고 흘러내리는, 김이 무럭무럭 올라오는 천지온천수에 삶은 달걀 맛은 일미였다. 어린 시절 아버지와 기차 여행을 하며 먹던 고소한 맛, 그 향수를 뒤로 하고 우리 일행은 도문으로 향했다.
 두만강이 보였다. 원로가수 김정구가 부르던 '두만강 푸른 물'은 아니었지만 어머니가 좋아하시던 노래「두만강」이다. 가슴이 뭉클했다. 허름한 누각에 올랐다. '두만강 막걸리', 종이쪽지에 쓴 까만 글씨가 눈에 들어왔다. 막걸리는 우리의 민속주가 아닌가. 그곳은 좌석은 없이 수수한 차림의 여인이 주전자를 들고 서 있었다. 일반 차처럼 커피 잔에 따라 주었다. 한 잔에 우리 돈 500원, 희뿌연 두만강 막걸리 잔 너머로 두만강 물줄기가 희미하게 보였다. 눈물이 볼을 타고 내렸다. 이제는 중국과 북한의 경계선일 뿐, 임을 실은 뱃사공은 보이지 않았다.

관광버스 주차장 주변에는 「두만강」 간판을 건 조선족 상점들이 늘어섰다. 진열대 앞에 모시가 보였다. 반가웠다. 어머니 생각이 나서 흰모시 한필을 샀다. 이만 원(우리 돈). 너무 싸서 물었다. "질이 좋은 거지요?", "질은 무시기, 오마니가 정성껏 짜았으니 팔아 주기요." 조선족 아가씨의 눈빛은 말하고 있었다. "같은 동포끼리 팔아 주어야 하지 아니하겠읍메." 정성껏 포장을 해 주며 말했다. "잘 가시라요.", 나는 그들의 시선을 느끼며 버스에 올랐다.

우리 어머니는 모시를 좋아하셨다. 어머니가 살아 계시면 얼마나 좋아하셨을까. 딸이 두만강변에서 사온 선물이라고 자랑이 대단하셨을 것이다.

나는 모시로 그 유명한 한산 이씨李氏다. 그래서 남달리 감회가 깊었다. 두만강 상점에서 산 모시를 장롱 밑 깊숙이 넣어 두고 어머니가 보고 싶을 때마다 꺼내 보곤 한다.

하얀 모시의 올올새새 사근거리는 촉감은 내 어머니의 그 향기 그 멋이다.

벌써 10여 년이 흘러갔지만 백두산과 두만강은 나에게 슬픈 빛깔로 채색되어 있다.

그것은 백두산 노정의 숭늉맛 때문이리라.

벼가 익을 때

 벼가 익을 때 햇살은 따갑다. 곡식이 여무는 계절이다.
 어언 간에 여름 가고 가을 바람 솔솔 분다. 〈봉선화〉노래처럼…, 오늘은 처서處暑다.
 아침 공기가 서늘해졌다. 그래도 한낮에는 여전히 찌는 날씨다. 나락이 잘 여물겠다.
 벽에 걸린 달력, 〈이삭 줍는 여인〉이 보인다. 파리 근교에 있는 밀레가 살던 작은 농가에서 바라다 보이는 들판에는 지금도 노을이 지면 밀레의 만종이 기도 송처럼 들려온다. 하루의 일을 마치고 들녘에 서서 기도하는 부부의 모습은 언제 보아도 아름답다. 농가의 일상은 땀이 있어 감동이 더한 것 같다.
 우리 집 벽난로 위에는 오래된 서양화 한 폭이 걸려 있다. 카피 본이지만 그림이 좋아서 수십 년 동안 간직하고 있다.
 배경은 가을 농촌이다. 추수를 마치고 검불을 갈퀴로 긁어모아 태우는 풍경이다. 둘러 서 있는 사람들의 표정이 재미있다. 연기 때문에 두 손으로 눈을 비비는 아이들, 불꽃을 바라보는 여인들의 하얀 미소가 그대로 가을 축제다. 이태리 여행 때 사온 것인데 작가는 모르지만 세월이 갈수록 메시지가 새롭다.

초등학교 때다. 하교 후 집으로 가는 길이었다. 유성에서 대덕으로 가는 길목에서 친구의 손에 끌려 그 아이 집에 가게 되었다. 마침 그 아이 엄마는 마당에서 참깨 도리깨질을 하고 있었다. 머리에 하얀 수건을 쓴 친구 엄마는 반색을 했다.

"서울 친구라던 그 아이구나." 친구 엄마는 하던 일을 밀어놓고 서둘러 가마솥에 불을 지폈다. 콩깍지 타는 소리가 탁탁 튀었다. 둥근 소반에는 윤기가 자르르 흐르는 햅쌀밥에 고소한 깨소금을 듬뿍 넣은 간장과 밥솥에서 갓 쪄 낸 새우젓 한 종지였다. 수북히 담은 밥주발과 달랑 반찬 두 개 뿐인데 꿀맛이었다. 따끈하고 짭짤하던 그 시골밥상 그 맛과 그 인정은 어른이 되어서도 잊을 수가 없다. 지금도 가을이 되면 시골 친구의 초가집을 그리곤 한다. 동산에 기대앉아 넓은 들판을 안고 있는 신작로에서 보이는 노란 초가 마을이 눈에 선하다.

추수철 시골 풍경은 서양이나 동양이나 같다. 밀레의 소박하고 따뜻한 시선은 일상의 가치와 삶의 본질을 성공적으로 화폭에 담아 낼 수 있었다. 세계적인 명화는 그렇게 탄생한 것이다.

가을은 감사절이다. 떡시루 하나를 가운데 놓고 예배당 마룻바닥에 빵 둘러앉아 눈을 반쯤 감고 기도하던 꼬마들의 모습이 생각난다. 여름내 땀 흘려 가꾼 열매를 따는 기쁨은 그대로 감사하는 마음이 된다.

머리를 무겁게 숙이고 가을 들녘에 일렁이는 곡식들. 조, 수수, 벼 등은 그 모두가 하늘 아래 겸허한 미학이다.

중학교 시절 감이 익고 밤송이가 여무는 추석 무렵, 시골 친구 집에 초대를 받았다. 기차를 타고 간 곳은 창동, 밤나무가 무성했다. 토란국, 송편, 전, 닭고기, 과일 등이 그득한 교자상이 상다리가 휘도록 차려져 나왔다. 중학생 손님 상 치고는 너무 융숭한 대접이다. 밤송이를 작대기로 털다가 찔리기도 했지만 밤자루를 들고 저녁 기차를 탔던 기억은 푸짐한 가을 추억이 됐다.

지금은 아파트가 꽉 들어찬 도시가 되었지만 나는 창동을 지나갈 때마다 풍요했던 그 시절 밤나무 마을을 그린다. 역시 복 받은 곳이다.

후에 창동 친구는 미국 유학을 마치고 돌아와서 교수가 되었다.

요즘은 하루가 다르게 기온이 변하고 있다. 색색으로 물들어가는 나뭇잎이 곱다. 인상파 화가의 팔레트 같다.

어린 날 충청도 초가에 살던 그 친구의 소식을 알고 싶다. 어디서 어떻게 사는지 지금은 무엇을 하는지 문득 궁금해진다.

대덕 집으로 가는 산모롱이에 피었던 무성한 코스모스 울타리와 보랏빛 구절초 꽃들이 얼마나 아름다웠던가.

금년에도 풍년인 것 같다. 시골 여행을 떠나고 싶다.

넓은 들에 익은 곡식 황금 물결을 바라보며 이 가을을 맞이하련다.

따가운 햇살에 감사하며….

파란 풀꽃이 어울리던
조경희 선생님

그 날 명동 내셔널 YWCA에서는 조경희 장관 축하 파티가 열렸다.

식장은 따뜻했고 꽃과 음식 테이블 준비로 분주했다. 조 선생님은 Y회원이다. 때문에 자축잔치에는 전국 Y임원들로 가득했다.

조 장관님이 입장했다. 예상보다 일찍 도착하셨다. 단상에 오르기 전에 잠시 간이의자가 필요하게 되었다. 황급히 의자를 가지러 가는 직원의 손을 잡으시며 조 장관님은 스테이지 끝에 살짝 기대 앉으셨다. 그리고 미소를 보내셨다. 얼마나 편안한 분인가. 간결한 슈트 위로 보이는 청색 꽃 블라우스 차림이 산뜻했다. 그 분의 세련된 멋과 수준 있는 품위를 잘 묘사해주고 있었다. 그 분의 인상은 그렇게 나에게 각인되었다.

세월이 흐른 후 나는 수필로 조경희 회장님을 만나 뵙게 되었다. 그 때 그 분은 나의 졸작을 크게 칭찬해 주셨다.

"당신은 수필을 알고 쓰는 사람이야."

둥그런 확대경을 들고 글의 면면을 읽어 내려가셨다. 세심한 분이다.

어느 늦가을 〈문학의 집·서울〉에서 수필 낭송회가 있었다. 내가 낭송을 마치고 내려오는 것을 보시며 "잘 했어, 인사동 수필 아주 좋았어."

조 회장님은 늘 사람들에게 기쁨을 주셨다.

어느 유명한 여성 언론인 일화다. 인천 가는 합승 택시 안이었다고 한다. 아주 세련되고 서구적인 매너가 풍기는 노신사를 만나게 됐는데 이야기를 나누다보니 그 어른이 바로 조경희 선생님의 부친이었다니…. 성공회 목사님이시고 잘 생기셨다고 했다.

조경희 회장님도 알고 보면 외모 관리에 철저한 분이시다. 그 분의 간결하고 개성 있는 헤어스타일은 명동 유명 인사들이 줄을 잇는 미용인의 작품이다. 60년대다. 사실 그 분이 누군지 모를 때 그 유명한 뷰티살롱에서 나는 조 회장님을 처음 뵌 셈이다. 그 분은 멋쟁이다. 어느 날 식당에서다. 프레스센터로 기억된다. 음식이 나오기 시작하면서 조용해졌다. 조 회장님은 요리를 하듯 포크와 나이프를 들고 하얀 접시에 놓인 고기와 새우를 한 입 크기로 잘라서 부군에게 드렸다. 그 분의 손놀림은 예술이었다. 두 분의 평온한 모습은 한 폭의 명화처럼 나를 감동시켰다.

조 회장님의 초대로 음악회(남북음악공연)에 가던 날 그 많은 저명인사들에게 둘러싸였던 그 분의 모습에서 사회적인 위치를 실감하게 되었다. 조 회장님은 가정과 사회를 성공적으로 연주하신 분이다. 그래서 존경한다.
 그 분에게도 슬픈 날이 왔다. 부군이 돌아가신 후에 수필가 몇몇이 조 회장님을 뵈러 갔을 때다.
 "당신들은 모두 남편이 있지?"
 우리를 차례로 바라보시는 그 분의 표정은 허전했다.
 그 두 분의 말년을 그려보면 왠지 감미로운 멜랑콜리에 잠기게 된다.
 러시아의 첼리스트(Mischa Maisky) 첼로 연주처럼, 라흐마니노프의 선율이 끊어질 듯 이어져 가는, 현과 활이 서서히 이탈해 가며 내는 음은 더 애절하고, 긴 여운을 남긴다.
 긴 겨울 밤, 조경희 회장님의 수필 〈얼굴〉을 다시 읽는다.

가을의 그 칸타레(Cantare)

 가을의 노래는 슬픔과 기쁨의 블렌딩이다. 떨어지는 낙엽이 슬프고 빛나는 열매가 기쁘다.
 「즐겁지 않으면 인생이 아니다」
 '린 마틴'의 저서가 생각난다. 참으로 어려운 얘기다. 이 가을…,
 슬픔은 다시 볼 수 없는 사람을 그리워하는 것이다.
 '부재의 아픔이~', '시치미를 떼고 잔잔히 웃고 사는…', 원로 추영수 시인의 시집 「살아 있는 이유」의 시구절이다.
 "골보야, 사탕 먹어라!"
 울음 끝이 긴 작은오빠에게 아버지가 붙인 애칭이다. 아기 때는 한 번 울기 시작하면 아랫입술이 터져 피가 나도록 울었다고 한다. "큰아이는 안 그런데 작은애, 너는 어째 그러니."
 어머니는 달래주면서도 늘 성가셔 하셨다. 그런 모습을 보고 자란 나는 부모에게 울며 보채는 짓을 못했다. "울면 안 돼~, 우는 아이는 산타 할아버지가 선물을 안 주신대", 크리스마스 선물은 누구나 기다리니까.

  음악의 황제 카라얀은「오셀로」의 폭풍분노, 테너가 거칠게 질러대는 고음처리에 제동을 걸었다. 절제의 힘, 그 정제된 우아한 고음에 청중들은 기립박수를 보냈다.

  예술은 소리 없는 통곡이다. '남몰래 흐르는 눈물'의 호소력이다.

  전쟁, 전사자가 된 아들과 남편, 가족생계를 위해서 어린나이에 일하다가 사고사를-, 그 무엇으로도 지울 수 없는 암덩이 같은 아픔을 부둥켜안고 사는 게 우리들의 인생이다.

    슬픔에 침몰하지 마시오
    삶은 강물 같은 것
    그저 힘차게 저어 가시오

    사랑은
    파란 하늘은
    당신의 노를 따라갈 것이고

    부딪치는 바위
    휘몰아치는 물살도
    돌아오지 않는 강물일 뿐

    뗏목을 저으며
    태양도 흰 구름도

나무숲도 바라보시오

당신의 눈물은
사랑하는 사람
하늘의 아픔이잖소

슬픔에
더는
침몰하지 마시오

　　　　　　-이명희의 「슬픔이라는 것」

"Don't cry for me"
　십자가를 지고 가는 고통의 정점에서 예수는 말한다. 당신 때문에 예루살렘이 침울해지는 것을 원하지 않았기 때문이다. (누가복음 23:27-28)
　"시대를 분간하고 화해하기를 힘쓰라." J의 부탁이다.
　얼마 전에 담은 산딸기 주를 목이 긴 유리잔에 가득 부었다. 그 투명한 빛이…, 샬롬이다.
　미칠 것 같은 삶 속에서도 존재해야 하는 오늘이기에, 비극적 싸움을 털어버리고 램프를 켜 놓고 개암나무 가지가 곱게 물들어가는 가을을 노래하리라.
　에비타의 노래를-.

아파트 도어

 아파트 도어는 여는 순간 곧바로 내실이 된다. 단독주택과 다른 점이다. 대문, 마당, 현관을 거치는 동안 주인은 매무새를 매만지며 손님 보기에 민망한 것은 치울 수 있는 시간여유가 있다. '샤워중…' 문을 여는 순간, 아~ 내방자와 얼굴을 마주치는 그 당황스러움, 해서 아파트는 까다롭게 보이는 매너가 따르게 마련이다.

 "딩동~!", "누구신가요?", "~위층에서…", " ~?" 잠금장치를 푸는 순간, 확 밀어붙이고 들어선 중년 남자는 알아들을 수도 없는 일본말로 떠들며, 구두를 신은 채 쳐들어오는 게 아닌가. 옷은 신사복, 살짝 내다 봐선 손님차림이었다. 경비원이 없었다면…, 그 때, 그 다급했던 공포, 지금도 생각하면 아찔하다. 그 후에도 옆 동에 들이닥치다 걸렸다.

 앞집이라도 방문 시에는 미리 전화로 시간을 알려주는 것이 반가운 만남이 되지 않을까. 립스틱도 바르고, 찻잔도 준비하는 여유를…, 아니면 불쑥 떡을 들고(?) 새로 이사 온 사람은 상처를 입기 쉽다. "아, 네…, 이사떡이군요" 살짝 문을 열고 황황하게 접수되는 경우가 간간이 있어, 아파트는 차가운 시선에 휘말리기도 한다. 이웃이 단절된 공간이라는 것이다.

한국의 전통한옥은 아홉 대문을 열고 들어가며 '에~헴 어~허' 헛기침으로 내방을 알리는 대가집, 안채, 바깥채, 손님을 맞는 사랑채가 있어, 떡이니, 과일, 술상을 내서, 훈훈한 정을 베푸는 미덕을 갖춘 문화였다.

이웃 일본의 옛 궁성에서는, 정원에 자갈돌을 깔아서 외부인의 출입을 감지하고, 마루는 밟으면 새 소리가 나게 했다.

동서양을 막론하고, 문과 방문자는 밀접한 에피소드가 있다. 방문을 알리는 노크도 다채롭게 발전해서, 문짝에 달린 육중한 무쇠 고리, 벨소리, 멜로디, 이제는 영상폰에 암호까지, 아무튼 서로 놀라지 않고 반갑게 맞이하려는 장치니, 아름다운 도어문화가 아니겠는가.

오래전 얘기다. 단독주택에서 아파트로 막 이사 왔을 때, 앞서 얘기한, 그 침입자 사건으로 놀란 가슴에 경계지수가 고조됐을 때다. 겨울밤 9시가 넘어 갈 무렵 초인종이 울렸다. 가슴이 두근~ "…○○입니…", "잘 들리지가 않는데…", 남자의 낮은 목소리, 간신이 도어 홀에 눈을 대고 보니 누런 봉투를 든 실루엣, "누구신가요?", "~~ 전하러", "네, 문 앞에 놓고 가세요.' 계단 내려가는 소리가 들리자, 나는 살짝 문틈으로 손을 뻗어 그 봉투를 집어 들였다. 아뿔싸! 원고뭉치였다. 후에 알고 보니…, 지금도 낯이 달아오르는 결례를 저질렀던 것이다. 그는 지금 눈부시게 활약하는 젠틀한 저명인사다.

 수년 전만 해도 집집이 돌아가며 반상회라는 명분으로 모여 따뜻한 정과 사는 지혜를 나누었다. 요즘은 젊은 세대로 교체, 그 방법이 용납되지 않는다. 여성 직장화로 시간도 문제지만, 사저私邸 노출이 싫은 거다. 자연히 장소는 식당, 카페, 뭐 서로의 안부와, 시설개선 논의 등, 의견일치가 잘 되어 충분히 재미있다.

 문화는 사람이다. 건축양식을 떠나, 그 변화적응지수에 따라서, 삶의 향기는 꽃을 피우게 마련이다. 부엌 다용도실 도어를 열면, 꽃 향기보다 좋은 세탁비누 향이 들어온다. 세대가 젊어지면서, 청국장, 묵은지 냄새가 사라졌다.

 분명한 것은 아파트는 최소한 앞집, 윗집, 아랫집은 친하게 지내야한다. 왜? 때로는 서로 물세례를 주고받을 수 있기 때문이다. 누수漏水가 되는 것은 어쩔 수 없이 공동주택에 사는 사람들이 감수해야 할 몫이니까. 또는 윗집에서 아이들이 쿵쿵 뛰거나, 늦은 밤 소음이 들리면, '나는 안심하고 자도 되겠군.' 건강한 이웃이 있으니, 얼마나 다행인가!

아파트는 부엌 창에 불이 켜지는 저녁이 아름답다. 삶의 향기가 묻어나는 오렌지 빛 램프, 그 아늑함이….

아파트 door, 그 key는 예약 노크다.

편견을 넘어서

　설레고 긴장되는 질문이다. 잊고 있던 휴가를 받은 기분이다. 〈삶을 다시 선택할 수만 있다면, 나는…〉

　우선 훌쩍 떠나서 지구 곳곳을 다니며 1년씩 살아보고 싶다. 인류학까지는 아니고 그저 사람을 알고 다른 언어, 풍습, 역사, 문화 때로는 기절할 것 같은 엽기적인 음식문화까지도…. 그 이질감을 좁혀 나갈 수 있다면 다多인종, 다多문화 시대를 행복하게 살아갈 수 있는 길이 보이지 않겠는가. 편견과 선입견을 털어 버리고 싶다. 친구는 소통이다.

　10여 년 전이다. 러시아-핀란드 행 밤기차 객실이었다. 갑자기 가죽장화를 신은 러시아 검사관이 나타났다. 신고하지 않은 달러는 압수한다는 것이다. 긴장이 흘렀다. 저벅저벅 다가오던 군화 소리가 바로 내 등 뒤에서 뚝- 멈추는 게 아닌가. 아차, 나는 안고 있던 발라라이카(Balalaika)줄을 튕겼다.

"드르릉~"

순간 놀라 마주친 러시아군의 잿빛 눈동자에는 미소가 스쳐 지나갔다. 그 악기에는 크레믈린 풍경이 그려져 있었다. 문화의 공유, 그 스파이크가 일어난 것이다. 삼각모양의 현악기는 영화 〈닥터 지바고〉에 나오는 러시아의 민속 악기다. 서정적인 선율 때문에 유명한 영화음악이 되었다.

국경선을 통과한 식당 칸은 축제 분위기였다. 세계에서 모여든 사람들, 그 웃음소리는 철철 넘치는 맥주 거품처럼 시원했다. 위기를 넘긴 순간의 행복이랄까.

이국땅에서 길을 잃고 헤맬 때 섬광처럼 나타나서 달리는 버스를 잡아주던 흑인 청년, 내가 흘린 여권을 찾아 들고 헐레벌떡 게이트(Gate)까지 달려온 금발 부인의 놀란 표정을 내가 어찌 잊겠는가, 그 싱가폴 공항을….

피부색이 달라도 사람은, 인정은 같다는 것을 지구 곳곳에서 실감한다.

정초에 동경 대학 하가 도루芳賀徹교수님 초대를 받고 그 자택을 방문했을 때다. 깔끔한 음식과 와인이 나왔다. 부인이 손수 준비한 일본 전통 설 차림이라고 했다. 더욱 놀란 것은 거실 중앙 벽에 걸린 김소운 선생의 한글 시詩 족자였다. 반갑고 고마웠다. 그 부부가 아끼는 시라고 했다. 감동이다.

따뜻한 배웅을 받으며 돌아오는 길에는 가로등이 아름다웠다. 나의 선입견이 녹아내리고 있었다.

이제 살아온 날들을 돌아본다. 그것은 주어진 삶이었다. 이상과 현실의 충돌이었다. 쇼펜하우어 말대로 우리의 의지대로 돌아가는 것은 아무것도 없었다. 행복은 내면의 문제다. 긍정적인 사고의 선물이다.

주어진 삶의 내 색채色彩를 입혀 나가는 과정이 행복인 것을 느끼며 살았어야 했다.

내 그림대로 퍼즐이 맞지 않는 공간을 놓고 갈등했던 세월이 아깝다.

창조의 세계는 서로 다른 것이 조화고 하모니는 하나다.

상황에 맞는 재치 있는 소통은 모차르트의 즉흥 연주같이 살아있는 미학이다.

사랑은
일상이 아닙니다.

관념과 편견의 성城을
넘는 자만

사랑을
만날 수 있습니다.

인생은 리듬이다. 만나고 헤어지고 울고, 웃고… 슬픔도 노래가 되는 것, 입체적인 삶의 묘미는 어느 책 제목처럼 『사람은 사람 가운데서 사람이 된다』 바로 그것이다.

사람 맛은 여행이다.

4부
겨울 드로잉

겨울초대

초대는 기쁨이다. 초대를 하고 받는 시간, 그것은 행복한 인증샷, 입을 옷과 선물, 그리고 손님들이 좋아할 메뉴와 꽃을 준비하는 과정은 즐거운 스트레스다. 모파상의 〈진주목걸이〉가 그렇다.

겨울 초대는 은백색 눈가루가 날리는 계절, 그 자체가 샴페인이다.

소녀시절 어느 크리스마스 저녁, 교회 칸타타에 초대를 받았다. 트리와 불빛, 음악으로 가득 찬 그 공간의 기쁨은 내게 첫눈 같은 초대장이었다.

겨울에는 파티가 많다. 성탄절, 송년회, 신년회 등으로 사람들은 모여서 따뜻한 음식을 나누며 얼어붙은 겨울을 녹여나간다. 그것이 생존의 파티다.

1960년대 어느 해 설날, 우리 부부는 조연현(문학평론가) 선생님 댁의 초대를 받았다. 휘경역 기찻길을 건너서 5, 6분 거리에 있는 아담한 집이었다. 나무 대문을 열고 들어서니 구수한 음식 냄새가 풍겨 나왔다. 조 선생님이 반갑게 맞아 주셨다. 방 안에는 문단의 저명인사들로 꽉 차 있었다. 조연현 이사장님은 문단 어른으로서 정초가 되면 선후배들을 초청하여 화기애애한 문단 분위기를 만들어 주셨다.

설상이 차려져 나왔다. 커다란 통 생선찜이 중앙에 턱 놓인 교자상에는 낯선 경상도 토속음식들이 첩첩하여 넉넉한 인정을 실감케 했다. 역시 행주치마에 손을 씻으며 일일이 권하는 사모님의 푸근한 모습이 훈훈한 설 기분을 고조시켰다. 조 선생님은 진한 경상도 발음으로 말씀하셨다. "윤뱅로 선생은 좋겠습니다. 부인이 젊고 미인입니다." 그 저명한 문사들 틈에서 주눅이 들어 앉아 있는 내가…, 그 분은 눈치가 빠른 분이다.

그 자리, 내 기억에 남은 유명 인사들은 김윤성 시인 내외분을 비롯해서 문덕수, 이형기, 박재삼, 소설가는 이종항, 최일남, 권태웅, 문학평론가 김우종, 정창범, 윤병로 등 부인동반 초대였다. 그 외에도 대단한 분들이 많았다. 조연현 선생 댁에서 보낸 설날은 지금도 푸근하고 고맙고 자랑스런 기억으로 남아 있다. 최고의 겨울 초대였다.

요즘 초대문화는 다르다. 집초대는 구식이 되었다. 호텔, 레스토랑, 카페 등 밖에서 파티를 한다. 여성들의 직장화로 그렇게 집 안에서 집 밖으로 생활 패턴이 바뀐 것이다.

겨울은 춥고 밤이 길다. 어딘가 아늑하고 느긋하게 얘기를 나눌 수 있는 친지들의 모임이 아쉬워지는 때다. 이제 온돌방에서 생일상을 주고받던 낭만은 이미 전설이 된 것일까. 음식의 홍수 속에서 서성거리다 헤어지는 파티, 웨이터의 기계적인 코스를 따라가며 정신 바짝 차리고 먹기 바쁜 그 요리 위주로 가는 만남이 스산한 겨울의 마음을 만져줄 수 있을까. 주객이 눈도 마주칠 새 없으니…, 아날로그 푸념이 길어졌다.

며칠 전 산자락에 정원을 꾸며 놓은 카페에 들르게 됐다. 실내가 훈훈했다. 기차 화통 같은 벽난로가 활활 타고 있었다. 넓은 유리창에 그려진 하얀 설경을 바라보며 차와 파스타를 들었다. 맛도 가격도 좋았다. 아이들의 초대였다. 막내가 인터넷으로 찾아 낸 산장 레스토랑이다.

젊은 날의 친구들을 초대하고 싶어지는 따뜻하고 느긋한 집이다. 시간이 지워지는 분위기가 좋다.

겨울초대는 그리운 친구다. 온돌방에 떡국 한 그릇, 그 온기가 그립다.

겨울 드로잉

 눈이 내리는 소리를 들으며 겨울 길을 간다. 참새 발자욱이 그려진… 솔 향기를 맡으며 언젠가 걸어 보던 기억이 담긴 그 길을 드로잉 한다.
 솔가지로 불을 때서 미역국을 끓여주던 어머니 모습이 어렴풋이 떠오른다. 어린 날의 불빛 향이다.
 겨울에 태어난 나는 크리스마스, 설날 등 연이은 명절 끝이라 그냥 넘어갈 수도 있는데 어머니는 이름 있는 날은 난시亂時에도 꼭 하다못해 수수떡이라도 해서 특별한 날의 집안 훈기를 살렸다.

　　겨울에 태어난
　　아름다운 당신은
　　눈처럼 깨끗한
　　나만의 당신~!

어느 시인의 생일축하 노랫말이 나의 노래가 되던 날 저녁은 온통 거리의 불빛이 나만의 촛불이 되었다. 가로등에 날리는 눈빛은 별이 되었다.

"그대는 아직도 그 성가를 기억하는가."

영화 같은 그 바리톤 여운이 남아 있다.

어수선하던 시대에 태어난 아이들은 그냥 넘어가는 게 생일이었지만 그래도 겨울에 태어난 덕에 이런저런 명절에 얹혀서 고깃국이 있는 밥상을 놓친 일이 없으니 그 어찌 하늘이 내려주신 축복이라고 아니 할 수 있겠는가.

결혼 후엔 아이들과 함께니까 식당에 가도 메뉴는 아빠, 아이들 위주 "내 생일 맞아?" 실감 없이 지나가 버렸다.

얼마 전 인사동을 지나가는데 늘 듣던 곡?!, 전혀 느낌이 다른 바이올린 선율이 차가운 공기를 타고 흘러왔다. 일송정, 아리랑, 라흐마니노프의 첼로 소나타 D단조, 엘가 등 그 연주수준이 유럽 어느 거리를 재생하고 있었다. 후리후리한 키에 버버리 코트, 바람에 날리는 브라운 헤어, 그는 우크라이나에서 온 이방인, 거리악사, 로지나(고향) 우수가 묻어 있었다.

"하라쇼(хорошо)!"

"좋아요!" 그 한마디로 그는 스마일 포즈를 취해 주었다. 타국에서 듣는 모국어는 생명을 불어넣게 마련이니까.

겨울 저녁 아늑하게 들려오는 멜로디는 "Happy Birthday to you!"였다.

자신이 좋아하는 음식, 음악, 여행, 친구가 있는 날, 새하얀 눈까지 내리면 더할 수 없는 생일이 되는 것이 아니겠는가.

"네 마음대로 하세요." 요즘 유행어다.

살짝 트위스트가 있는 뉘앙스…, 뭐 그래도 긍정으로 받으면 만사가 편해진다.

'삶이 가는 동안 끝까지 함께할 사람은 너 자신뿐…',

미국 여행 중에 있는 친구가 카톡으로 보내 준 뮤직 동영상 '건강비결' 중 결론 구절이다. 평소의 생각에 느낌표 하나가 더 붙었다.

자신이 소중한 것은 하나님이 주신 유일한 생명이니까 또한 '이웃사랑' 목적으로 보내심을 받은 사람이니까, 자신으로 하여금 주위 사람을 힘들게 하는 존재가 되어서도 안 된다는 것이다.

자신의 기념일은 스스로 축하하는 것이 어떨까. 만나면 기분 좋은 친구와 오찬, 동경하던 여행지, 또는 책을 출간, 만나고 싶은 뮤지션의 콘서트 등 갖고 사는 것이야말로 행복한 삶일 것이다.

어느 해 연말, 나는 비행기에 올랐다.

"엄마 지금 공항이다."

"미리 말도 없이… 엄만…"

그렇게 떠나는 것은, 알리면 여비, 용돈 등… 난리법석, 아이들에게 비상벨이 되니까.

나로서는 꼭 기억, 축하해야 하는 특별한 날은 나만의 식으로 자축한다.

상공上空엔 포도주 빛 노을이 흘러가고 있었다.

내 인생의 등불

어머니가 있는 부엌, 불빛이 좋았다. 행복한 색깔로 남아있다.

식탁에 불을 켠다. 행복한 순간, 내 안에 어머니를 본다.

"젓가락은 오른쪽, 찌개는 가운데…"

그 맛있는 빛깔들, 그 따뜻한 기억 때문에 나는 빵 한 조각을 놓고도 불을 켠다.

유년 시절, 골목길 예배당 창문에서 새어나오는 불빛이 좋아서 그 길로만 다녔다.

십자군 상처가 깊은 카르카손, 프랑스 남부에는 봄비가 내리고 있었다. 빗속 도시는 크림 그레이, 노란 불빛이 예쁜 나지막한 모퉁이 집, '카페 크레페'로 들어갔다. 작지만 명사들이 찾는 칼바도스(사과주)의 명가라고 했다. 해물 크레페와 따뜻한 사과주가 나왔다. 스프그릇 같이 둥그런 찻잔에 노오란 사과주 향이 환상이다. 삼베조각같이 얇은 디저트 크레페 불쇼, 그 서려 오르는 보랏빛 불꽃은 찰나의 축제, 유리창 밖에는 브람스의 우수, '비의 노래(Rain Sonata)'가 흐르고 있었다.

어머니는 비 오는 날에 부침개를 해 주셨다. 등잔불을 켜 놓고 먹던 술빵은 왜 그렇게 맛있었던지-.

루아르 지역 귀부인들의 성 쉬농소에는 눈이 부시도록 아름답고 웅장한 부엌이 있다. 천정부터 벽까지, 온통 동과 은제 그릇이 번쩍거렸다. 고기와 빵을 굽던 그을린 커다란 화덕과 주전자 그리고 주방까지 물을 길어 올리는 도르래가 있었다. 르네상스식 가구와 장식 그 중심에는 다양한 문양의 촛불이 타고 있다. 쉐르강에 떠 있는 그 고성에는 행복한 어머니는 없었다. 시샘이 있을 뿐….

어머니는 갈비찜을 잘 하셨다. 갈비에 기름을 떼고 잔칼질을 한 후 갖은 양념으로 재운 후에 숯불에 슬쩍 구워서 냄비에 차곡차곡 담고 강 중 약한 불을 조절하여 얌전하게 찜을 만들어 내 놓으셨다. 진미 바로 그 맛이었다. 음식 맛의 비법은 양반집 여인들의 자존심, 그렇게 할머니는 손수 할 수 있도록 가르치셨다고 한다.

"요리는 부재료보다 맛의 본질을 살리는 것이 중요하니라."

삶 또한 그런 것이 아닐까. 있으면 하는 것이 아니라 있는 것만으로 맛을 낼 줄 아는 사람, 그것이 행복이다.

얼마 전인가. 김좌진 장군의 생가를 방문했다. 그 곳은 시골집 그대로 순한 모습이었다. 작은 우물과 툇마루, 부엌이 아늑했다. 선반에 나란히 놓인 그릇, 물동이, 나뭇단과 그을린 부뚜막에 동그란 가마솥, 어린 아들과 도란도란 얘기를 나누었을 것 같은 그림이 그려졌다. 지금도 매달려 있는 그을린 호롱불은 어머니의 사랑과 눈물, 기원처럼 외로워 보였다.

동서고금을 막론하고 그 어떤 위인, 정치영웅도 부엌은 삶에 모티브가 될 것이다. 홀로 길을 가야 하는 어느 병사의 얘기다. 고향집 불빛을 바라보며 그냥 지나가야 했던 그의 처지, 그 허기진 병사의 눈에서는 하염없이 눈물이 흘렀다. 어머니가 밥을 짓고 있는 부엌 창문은 열려 있었다. 자작나무 사이로….

나는 여행 중 들르는 레스토랑과 주방 그리고 생가의 부엌을 보는 것을 즐긴다. 사막을 지날 때 만나는 베드윈족의 가설 화덕까지-, 인상에 남은 것은 북녘의 수령 생가에서 본 초가집 부엌이다. 처마에 매달인 소쿠리, 멍석, 그리고 부뚜막에 가마솥과 등잔, 널려 있는 땔나무, 그 낯익은 정경이 더 낯설었다.

괴테의 고택에서 본 그 부엌보다 더 생경했던 그 이유를 찾고 있다.

드보르작의 '어머니가 가르쳐주신 노래'가 들린다. 생각나는 것은 어느 보육원의 한 아이 모습이다. 그 아이는 항상 문간에 서 있었다. 그리고 늘 같은 노래만 불렀다.

"왜 너는 매일 그 노래만 부르니?"

"엄마가 좋아하는 노래니까…." 가슴이 뭉클했다. 그 얘기는 어쩌면 우리 모두의 이야기일 것이다. 누구에게나 귀에 살아 있는 어머니의 말이 있다. 좋고 싫고 간에 어머니- 그 본질은 사랑이니까.

'사람은 떡으로만 살 것이 아니요-.'

부엌은 떡과 사랑이 있는 곳, 부엌은 어머니고 고향이다. 기도하는 어머니! 그 분은 내 인생의 등불이었다.
 라 맘마 모르타~ 어머니는 가시고…,
 이제 부엌 창문마다 불이 켜지는 저녁, 어머니의 노래를 듣는다.
 "얘야 밥 먹어라."

딸이 딸에게

오래간만에 북어를 사왔다. 방망이로 살살 때린다고 하는데도 자꾸 부서진다.

어머니 말씀이 생각난다. 북어를 부드럽게 피려면 조근조근 달래가면서 두드려야 가시도 떨어지고 북어살도 솜처럼 포근포근해지느니라. 어머니가 살아 계실 때는 예사롭게 흘려듣던 말이다. 어머니 도마소리에 잠이 깨던 시절, 등 너머로 보고 듣던 일들이 이렇게 긴요할 줄이야. 부엌에서 밥을 지을 때, 반찬을 만들고 설거지를 할 때는 그렇게 어머니 말씀이 새록새록 절실하게 생각날 수가 없다.

"밥은 뜸을 잘 들여야 하고 양념은 삼합이 맞아야 하느니라. 음식은 자꾸 해서 이력이 나면 찌개 끓는 냄새만 맡아도 짠지 싱거운지 간을 알 수 있게 되지. 그쯤 되면 음식 만드는 것이 겁이 안 나느니라. 설거지를 할 때는 밥그릇과 반찬 그릇을 구별하여 닦고 모든 그릇은 뒷면부터 헹궈야 개운해지느니라."

나는 유명한 요리학원도 여러 곳을 다녀 보았다. 하지만 막상 부엌에 들어서면 어머니가 말씀하시던 대로 나물을 무치고 찌개도, 국도 끓이게 된다.

"밥상 하나 구색 갖춰 차리는 것이 얼마나 어려운 일인지 아니?"

칠첩, 팔첩, 십이첩, 어머니가 청주로 시집와서 양반댁 진지상 보느라고 행주치마에서 비파소리가 났다고 한다.

어머니는 음식 솜씨가 좋으셨다. 고추장, 된장, 맛이 일품이다. 그 집 장독대를 보면 장맛을 알 수 있고 항아리가 반질반질 윤택이 나면, 안주인 찬 맛은 보나마나 맛깔스러울 거라고 하셨다.

"깔끔한 음식 맛을 내려면 먼저 시장에 따라 다니며 좋은 재료 선별법을 익히고 깨끗이 씻고 다듬는 손질법, 그 다음이 양념, 고명, 그리고 불 조절을 잘해야 하느니라."

나는 내 어머니가 하시던 대로 딸들이 듣든지 말든지 말을 흘리며 일을 해본다.

"마당에 걸린 빨래를 보면 그 집이 행세 깨나 하던 집인지 본데가 없는 집인지 알 수 있느니라. 빨래는 젖었을 때 솔기부터 잘 펴서 널었다가 꾸둑꾸둑하게 마르면 걷어서 착착 접어 꼭꼭 밟은 후에 다리미로 다리면 올이 서고 매끈하지. 그냥 꾹 짜서 버썩 말려 버리면 아무리 물을 뿜어 다려도 푸석푸석하여 옷을 입으면 매무새가 안 나고 상스러워 보이느니라. 요즘은 옛날같이 다듬이질, 홍두깨질을 안 하기 때문에 더 더욱이 빨래를 널 때 손질을 잘 해야 올 고운 옷을 입을 수 있게 된다"고 하셨다.

여자가 지혜로우면 무 하나, 두부 한 모를 가지고도 열두 가지 찬을 만들어 낼 수가 있다고 하셨다.

　요리학원에서 배운 요리는 재료가 하나가 빠져도 음식 할 엄두를 못내게 된다. 그리고 대체로 돈도, 시간도, 힘도 많이 드는 것이 흠이다.

　시집가기 전에는 거들떠보지도 않던 딸들이 부엌 살림에 관심을 갖는 눈치다. 요리학원에서 배운 서양요리, 한국요리, 여기저기 음식점에서 먹어 본 신식 음식과 친구들에게서 들은 풍월이 있어 엄마한테는 묻지도 않던 딸들이다. 가정에서 조석으로 먹는 음식은 요리가 아니라 밥상이다. 밥에 맞는 반찬은 밖에서 배운 조리법으로는 우리 집 식구들 입맛에 맞기가 어렵다.

　한국 남자와 결혼을 한 스코트랜드 여 선교사 얘기다. 한국 음식을 배우려고 요리학원에 서너 달을 다녔지만 남편이 좋아하는 콩나물국을 끓일 줄 몰라서 고민이라고 했다. 나는 그녀의 남편 고향을 묻고 쉽게 만들 수 있는 몇 가지 국과 반찬을 가르쳐 주었다. 그녀는 우리 집 부엌에서 직접 만들고 시식하면서 즐거워했다. 아무리 간단히 만드는 나물 하나라도 그 집만의 맛의 비법이 있는 법, 숙련된 어머니의 손끝에서 나오는 음식 맛은 계량스푼이 대신할 수 없는 것이다.

　어머니가 떠나신 후 어머니의 김치 맛이 가장 그립다. 옆에서 보고 듣고 배운 대로 기억을 더듬어 열심히 만들어 보지만 절대로 그 맛이 안 난다. 좀더 바짝 덤벼들어 배우지 못한 것이 한이다. 큰 양가집에서 찬모를 들여도 내 집 식구 입맛에 맞는 찬은 그 주인마님이 가르쳐야 하기 때문에 남을 부려도 내가 알아야 시킬 수 있다는 말씀을 늘 하셨다. 딸이 어쩌다가 반찬 만드는 것을 물어보면 그렇게 반가울 수가 없다. 나물, 간장게장, 오이지, 북어국, 더덕무침, 송이구이, 모듬전 등 그 때마다 나는 우리 어머니에게서 들은 대로 딸에게 신이 나서 일러준다.

바쁜 시대를 살아가는 젊은이들을 위해서 5분, 3분 요리가 다투어 나오고 있다. 냉장고에 있는 재료 그대로 털어 넣고 만들어 먹을 수 있는 퓨전 음식이 인기를 끌고 있다. 그러나 〈시골밥상〉이라는 간판이 도심 중심가에 늘어나고 있다. 이것은 어머니 손맛을 그리워하는 사람들이 아직도 많이 있기 때문이 아닐까.

할머니 말씀이다.

"알뚝배기 된장찌개는 먼저 된장에다 고추장 약간을 섞어서 뚝배기 밑에 깔고 놋수저로 꼭꼭 누르고 곱게 다진 쇠고기를 동그랗게 빚어서 한 켠에 붙여 놓고 중불에다가 보글보글 끓인 후 풋고추 송송 썰어 넣어 내면 국물이 탁하지 않고 말간 감칠맛이 혀에 착 붙느니라."

충청도 양반집 육간 대청을 휘젓던 시어머니에게서 배우셨다고 한다.

나는 내 어머니에게서 들은 말을 또 내 딸에게 그대로 들려준다.

살림은 딸이 딸에게 전해지는 것이리라.

'헌 것이 있어야 새 것이 있느니라'

 부엌 창 밖에 단풍이 한결 곱다. 적갈색 나뭇잎과 푸른 잎, 그 색상 대비는 서로의 색채를 빛내고 있다.
 언제나 부엌에는 맛과 시간이 담긴 어머니의 이야기가 있다.
 "헌 것이 있어야 새 것이 있느니라."
 신상품 홍수 속에 밀려가는 나에게는 문득 정신을 차리게 하는 어머니의 명언이다. 신제품에 노예가 되지 않게 하는…!
 오늘도 손잡이가 떨어진 그을린 냄비를 닦으며 어머니의 목소리를 듣는다.
 "조석으로 볶고 졸이고 지지는 밥반찬, 그때마다 눌어붙는 기름 때 묻은 냄비는 잘 닦이지도 않는데… 새 것인들 당하겠냐. 헌 것은 헌 것대로 새 것은 새 것대로 용도가 있는 법이니라."
 언젠가 색상에 끌려 빨강, 파랑 프라이팬을 샀는데 그을린 자욱이 지워지지 않아서 얼마나 속상했는지, 곧장 그 고가 냄비는 별당아씨 신세가 되어버렸다.
 "그 낡은 냄비는 버리라니까… 엄마는~." 아이들이 볼 때 마다 성화지만 '헌 것이 있어야…' 같은 말을 되풀이하며 삶의 맛을 조리하게 되었다. 컴컴한 냄비에 멸치, 우엉, 생선조림을 마음 놓고 척척해서 찬기에 담는 자유로움이 좋다.

남프랑스 왕후들이 사는 성, 쉬농성의 웅장한 부엌에도 고기와 빵을 굽던 그을린 커다란 냄비와 주전자가 번쩍이는 은제그릇 보다 따뜻한 맛의 역사를 전해주고 있었다.

수 일 전에 근처 백화점 새 단장 오픈 식당가에서 저녁을 했다. 실내장식은 키친아트, 반짝이는 동제품들로 커다란 거품기, 팬, 냄비 등으로 중세 유럽풍 컨셉-, 한 번도 조리한 흔적이 없는 그 조리기구들이 왜 그렇게 썰렁하던지 새 것들의 냉기가 아늑한 릴렉스를 방해했다.

로데오 거리에는 아직도 빈티지 간판이 걸려 있다. 시간이 걸어간 자리, 그 날의 그리움이 그 때의 모드를 찾게 되는 것이 아닐까. 새 것에 구멍을 내고 워싱을 해서 바랜 색을 내도 결코 자연미 연출이 안 돼서 결국 어느 의상 디자인과 학생은 휴일이면 헌옷함을 찾아다닌다고 한다. 옛 것을 모티브로 해야만 기발한 새 창조 패션이 탄생된다는 것이다. 소비자의 안정된 공감이 요구하는 스타일이다.

새 것과 오래된 것이 이루어내는 입체감, 그 공존은 인간이 추구하는 예술이다. 요즘 인기 있는 남미 바흐음악은 젊은 뮤지션에게 매력 포인트가 되고 있다. 첼로와 클라리넷, 피아노가 연주하는 삐아졸라의 탱고, 그 기묘한 융합이 새 음악계의 장르를 열고 있다.

새 냄비와 헌 냄비, 그 기능을 구별해서 사용하면 이상적인 부엌 인테리어가 될 것이다. 낡은 냄비는 음식을 조리할 때, 예쁜 새 냄비는 만든 요리를 옮겨 담아서 식탁에 올리면 따뜻한 맛이 느껴지는 연륜 있어 보이는 엄마의 행복에 젖게 될 것이다. 요즘 젊은 엄마들의 사랑을 받는 컬러풀한 냄비세트도 깨끗한 얼굴로 반짝 웃게 될 테니까.

"헌 것이 있어야 새 것도 있느니라!"

연탄난로

　기름 값이 올라서 다시 연탄보일러로 바꾸고 있다는 서민들의 서글픈 모습이 TV 화면에 떴다. 마치 흑백사진 시절로 돌아가는 기분이다. 힘들게 온 길을 되돌아가야 하는 것, 맥 빠지는 일이다. 문명의 매력은 전진이다. 그러나 어쩌겠는가. 현실을 직시하는 수밖에….

　70년대 초였다. 미국으로 이민 간 친구가 3년 만에 찾아와서 하던 말이 생각난다.

　"야! 아직도 연탄난로가…, 참 오랜만이다."

　그 자리에 함께 있던 친구들, 그 무안했던 표정이 왜 오늘따라 이렇게 생생하게 떠오르는 것일까.

　난로 위에서 주전자 물이 끓고 있었다. 하얀 김에 우리는 얼굴을 묻었다.

　그 때는 연탄 들여 쌓아놓고 김장독 묻으면 한겨울도 행복했는데….

　그 무렵이었다. 회색 날씨였다. 눈발이라도 날릴 듯 차가운

바람이 길을 쓸고 지나갔다. 서둘러 집으로 가고 싶은 날이었다. 그때 내가 교회 골목을 막 돌아 나오는데 허리가 몹시 굽은 할머니가 걸어오고 있었다. 친구 어머니였다.

"오, 마침 잘 만났네. 나 지금 저 산꼭대기에 사는 산모 보러 가는 길이네. 글쎄 어제 아기를 낳았는데 방이 냉골이야. 김치랑 먹을 것은 좀 얻어 놨지만 연탄 값이 없어, 어떻게 좀 있으면…."

나는 지갑에 얼마 안 되는 돈을 있는 대로 드렸다. 그 할머님은 고맙다는 말을 되풀이하시며 부지런히 걸어가셨다. 그 분 허리는 굽은 정도가 아니라 허리가 90도 각도로 휘어져서 살살 걸어도 숨이 턱까지 차는 어른이다.

10여 년 후, 내가 미국에 갔을 때다. 그 할머니 따님, 내 친구가 몹시 반가워하며 찾아왔다.

"우리 어머니가 네 얘기 많이 하셨어. 네가 그 때 준 돈으로 산모를 살렸다고…. 생각나실 때마다 네 칭찬을 하셨지, 우리 형제들 앞에서…."

그 분은 평생을 어려운 사람을 돕다가 떠나셨다고 한다. 미국에서도….

나는 그저 부지중에 거들어드린 것뿐인데 그 자손들로부터 너무 융숭한 대접을 받았다. 그 분 자손들은 크게 축복받아 살고 있었다. 뉴욕 티본스테이크 전문 레스토랑은 크고 화려했다. 그리고 샌프란시스코 힐에 있는 저택에 초대, 링컨 컨티넨탈 승용차, 그 눈부신 미국의 풍요 속에 그들이 연탄난로 추억을 잊지 않길 바라는 것은 무리였다. 시공時空의 편차가 너무 컸다.

요즘 유가 상승 등, 이에 기인하는 문제로 세계 경제가 흔들리고 있다. 연세 반응의 원리랄까. 아무튼 유럽국가 중에는 러시아로부터 가스 공급 라인이 끊겨서 얼어 죽는 사람이 늘어나고 있다는 무서운 보도가 잇따르고 있다.
'남의 우물에서 길어 온 물은 생명처럼 아껴야 한다.'는 말이 실감난다.
구공탄, 번개탄, 연탄집개, 한밤중에도 일어나서 연탄을 갈아야 했던 그 때를 우리는 참으로 오랫동안 잊고 살아왔다.
기름 없는 아파트, 그것은 공포다. 실내에서도 파카에 이불을 둘러쓰고 혹한과 사투를 벌이는 서민 아파트 사람들의 영상르포다. 생계 보조비로는 기름 값 충당이 어렵다는 얘기, 상식적으로 계산이 안 되는 시대의 난센스다.
방 한 칸에 연탄 한 장이면 따끈한 온돌 아랫목에서 몸을 녹이던 행복은 무엇이었을까.
유전油田이 없는 나라, 의식이 문제다.
김용운 소설가의 글 중, 한 대목이다.

눈은 더도, 덜도 않게 희끗거렸다.
"이런 날이면 연탄불에 석쇠를 걸어놓고 곱창 구워가며 소주 한 잔 쭈욱- 그래야 제격인데, 그런 집은 눈에 띄지를 않으니, 아무데서나 한 잔 하자구." 주위를 두리번거리던 그가 중얼거렸다.

감칠맛 나는 서정이다.

숯불구이, 연탄불 구이, 가스불 구이, 다음은 태양열 구이? 불의 역사는 이동하고 있는 것일까.

경제 대국 일본은 고다츠(난방탁자)에 작고 귀여운 구공탄을 지금도 사용하고 있는 집이 있다. 중산층에서도…. 처음엔 의아했지만 이젠 이해가 간다. 대체로 일본 집은 춥다. 에너지 절약이 보인다.

얼마 전 이화동 거리 어느 거리였던가. '연탄불 고기 구이집'이라고 투박하게 쓴 흑백 간판이 크게 보였다. 연탄난로 시절 향수가 물씬 풍겼다.

불의 역사는 공존이고 맛과 멋이다. 인류의 발전, 그 문명을 이어가는….

인사동 가고 싶은 날
- '귀천'의 향기, 천상병 부인

　차 한 잔에 가을이 뜬다. 갈바람이 분다. 인사동에 가고 싶은 날이다. 고색이 깔린 인사동엔 〈귀천〉이 있다. 천상병 시인의 부인이 주인이다. 그녀는 차와 수필을 함께 우리며 살고 있다. 그의 미소는 삶이고 사색이다. 가을에는 모과차, 대추차, 유자차를 손수 담그는 여인이다.
　선반에 가지런히 놓여 있는 茶병들이 더욱 그 찻집에 운치를 깊게 한다. 크고 투박한 다기茶器에 가득 따라 주는 차는 찾는 사람들의 마음을 넉넉하게 풀어준다. 나는 모과차를 천천히 마신다. 향과 빛깔이 가을이다. 물들기 시작한 낙엽 빛이다. 모과차에 가을이 담겼다. 토방처럼 좁은 공간을 채우는 모과차 향기가 아늑하다. 가랑잎으로 군불을 지피고 창호지문을 달던 한옥의 오붓함이 좋다. 벽에 걸려 있는 흑백사진에 아는 얼굴들이 있어 낯설지 않다. 〈춘향이 마음〉을 쓴 박제삼 시인이 천상병 시인과 나란히 서서 웃고 있다. 어느 문인모임에서 나오는 길일까? 기분 좋아 보이는 아주 젊은 모습이다. 우리 집 잔디에 앉아서 부르던 '메기의 추억'이 들리는 것 같다. "제 집에 보리술이라도 담그고 초대를 해야 할낀데 마… 죄송합니더." 아주 오랜만에 만난 자리에서 그는 대뜸 나를 보며 말했다. 늘 부끄럼을 타는 시골 소년 같은 사람이다. 가족끼리 잘 아는 사인데 그간 격조했던 것에 대한 인사이리라. '인생은 아름다운 소풍'이라고 말한 천상병 시인과 좋은 하모니를 이루고 있는 사진이다.

차를 끓이는 주전자, 들꽃항아리, 부채, 탁자, 그리고 오래된 책과 낡은 벽시계는 렘브란트의 정물화 같다.

무심히 걸어가면 보이지 않는 손바닥만한 간판 〈귀천〉은 천 시인의 유명한 시 제목이다. 외국에서 손님이 오면 들르게 되는데 그때마다 나는 두리번거렸다. 인사동 거리 중간쯤인데 종로 쪽에서 들어서면 오른쪽, 아주 좁은 골목 안에 있어서 갈 때마다 찾아야 한다. 그러나 입구 작은 벽에는 〈귀천〉 시문이 붙어 있어서 찾을 때마다 반갑다.

나는 천 시인과는 친분이 없다. 단지 인사동이 좋고 고색 창연한 찻집 분위기가 편안해서 들르고 싶은 곳이다. 그러니까 인사동 산책길에 들르지 않으면 뭔가 잃어버린 것처럼 허전한 것이다. 낙엽 쌓인 고궁을 걷는 것같이 푸근하고 맑고 친구처럼 그 곳은 다정하다. 조용히 흐르는 클래식과 주전자에 찻물 끓이는 소리가 고전적인 품위를 찾게 한다. 커피 향과 유자차, 대추차가 어우러진 퓨전 향도 그 집의 특색이다.

창 앞에 심기운 모과나무에 모과가 올해는 많이 달렸다. 서리 내려 노랗게 익으면 경비가 따서 집집이 몇 알씩 나누어 준다. 빛깔이 좋아서 소쿠리에 담아 벽난로 위에 놓고 보는 것이 고작이었던 모과다.

내가 모과차를 즐겨 들게 된 것은 〈귀천〉의 분위기 때문이었다. 가을빛이 내려앉은 인사동 거리는 명암이 깊어져서 예술적인 감흥을 준다. 역사, 문화, 전통, 삶이 배어 있는 입체적인 분위기가 좋다. 한때 문인들이 드나들던 한옥 음식점, 좁은 골목 안을 기웃거려 보며 생각에 잠겨드는 맛도 인사동의 매력이다.

모과는 오래 될수록 그 향이 짙어진다. 오늘도 모과차에 가을을 띄운다.

가을과 하얀 민들레

거리 조경수造景樹를 세팅하면서 잡초를 말끔하게 정리한 길목에 거짓말처럼 하얀 민들레꽃 한 송이가 활짝 웃고 있었다.

얼마 전 그 길을 지나면서 조경수 사이로 조리풀, 강아지풀, 빨간 꽃이 수줍게 핀 분꽃가지를 보며 얼마나 반가웠는데 며칠 후 보니 한포기도 없었다. 아니, 그렇게 꽃망울이 조롱조롱 달린 화초를 쓸어버린 사람의 가슴은 로봇청소기가 달린 것일까.

러시아 '까레이스키' 커다란 플래카드를 붙인 작은 트럭이 교회 문 앞에 서 있었다. 그 차에는 알 감자, 비트, 노랑당근, 샐러리, 대파 그리고 모양이 특이한 풋고추들이 실려 있었다.

"하라쇼(Хорошо)! 좋아요!"

"우리 고려인 마을에서 직접 길렀습니다. 그들은 넥타이 정장을 하고 정중하게 서서 손수 농사한 야채를 홍보하며 팔고 있었다. 고려인들은 손님처럼 조심스럽게 지나가는 사람들 눈치를 보고 있었다.

'까레이스키'는 러시아에서 태어나서 부모, 조상의 나라 코리아로 그 뿌리를 찾아 온 고려인이다. 얼굴빛도 말씨도 낯익으면서 낯선 그들에게 깊은 연민의 정이 느껴졌다.

나는 우리 흙냄새가 풍기는 야채들을 듬뿍 샀다.

고려인의 햇살 같은 미소에 길목에서 본 그 새하얀 민들레꽃이 오버랩 되는 것은 왜일까.

소설가 전경애의 르포소설 〈몬타나 6·25〉에 나오는 민들레 전설이다.

첫 번 민들레꽃은 사랑을 약속한 두 남녀가 찾아가는 깊은 산, 맑은 물 곁에만 피어난다고 했다. 이제는 그 전설이 사람들에게서 잊혀져 가는 것이 안타까워서일까.

몬타나에는 봄이 되면 집주변이고 목장이고 황폐한 벌판, 가릴 것 없이 무성하게 자라서 민들레 씨가 함박눈같이 펄펄 날아다닌다. 거친 땅에서도 노랑 융단을 펼쳐 놓은 듯 민들레꽃은 아름다운 생명력을 과시한다는 것이다.

고려인, 그들은 이민족이란 이유로 스탈린에 의해서 본인들의 의사와는 관계없이 정처 없이 황폐한 벌판으로 밀려다니며 꿋꿋이 살아남은 우리 민족이다.

낯선 땅에서도 그 조상들의 높은 긍지를 잃지 않고 100배의 노동으로 당당하게 후손들을 어느 민족보다도 고학력 사회인으로 길러낸 그들 앞에 머리가 숙여진다.

플라자 호텔 뒷길, 북창동을 지나는데 옆으로 비껴 걸은 '나 살던 고향' - 조그만 식당 간판이 걸음을 멈추게 했다. 뚝배기 된장, 순두부, 불고기…, 음식은 고향의 정서다. 북창동은 중국인 화교들도 자주 찾는 곳이다. 특히 중추절에 먹는 월병月餠의 원조도 그 골목 안에 있어, 보면 서울에서 태어났지만 뭔가 그들에겐 이방의 노스탤지어가 보인다. 잘 대해주고 싶다.

'까레이스키', 그 고려인들은 그들이 태어난 러시아 땅의 채소를 손수 가꾸며 향수를 달래고 있는 것이 아닐까. 지금은 귀향한 한국인이지만 그들의 로지나(Родина)*는…, 거기서도 여기서도 그들은 낯선 사람들, 그래서 그들을 더욱 사랑해 줘야 하지 않을까.

장밋빛 비트 조림(물+포도주+소금), 노랑 당근, 스프 그리고 러시아 풋고추는 피클로 담그니 색채와 맛을 즐길 수 있었다.

지난 가을 찾아간 을지로 뒷골목 러시아 식당은 퍽 인상적이었다. 우선 사람들이 그렇고 실내장식 또한 낭만적이다. 꽃과 레이스, 금사슬 수가 놓인 강한 색채의 식탁보, 램프에서 풍기는 향과 지글지글 구워내는 샤슬릭, 뻴미니(러시아식 만두), 당근채 무침, 볶음밥 등 익숙한 메뉴 같은데 다른 맛이라 더 끌리는 요리의 매력이 좋았다. 한국 속에 이방이다.

이제는 서울 거리마다 외국인 물결이다. 역동적인 한국이 좋아서 찾아온다는 이국 젊은이들, 배려와 사랑으로 힘찬 한국을 보여 줄 때다.

오늘도 길가에는 다시 이름이 잊혀진 풀꽃들이 자라고 있다.

흔히 봄에 피는 노랑 민들레도 아닌, 하얀 민들레꽃이 가을 달빛같이 훤하게 피어 있는 길목이 아름답다.

＊로지나: 고향

그 시선

　인간은 태어나는 순간부터 그 누군가의 시선을 받으며 살아가게 마련이다. 때로는 예기치 못한 사람의 망막에 인상된 자신을 만날 때가 있다.
　'30년 후~ 내가 그대를 반드시 찾아 갈 것이다. 그 때 그대는 훌륭한 '여류문인'이 되어 나를 반겨주기를-', 중학교 졸업 때 받은 싸인지 내용이다.
　한 반인지 몰랐던 동창, 그의 눈에 비친 나, 그랬다. 잊고 있던 나의 내면의 모습을 찾아 준 그녀는 나에게 긴 세월을 함께했던 친한 친구 그 이상의 감동을 주었다. 반세기가 넘어서 곱게 삭은 종이 한 장, 그 글은 Navigation for my way.
　이름 모를 꽃이 나를 보고 있다. 바람이 나뭇잎을 흔든다.
　"자연을 통하며 신을 보아라." 호우프의 말이 생각난다.

　　어느 날
　　산이 터지고

바다가 솟구치는 붉은 통곡

그 날은

그 날은 너도 나도

울었지

 이 시는 일본 쓰나미 대참사를 보며 쓴 나의 시 '지구마을'이다.
 자연의 분노 앞에 인간은 하나다. 그것이 오늘을 사는 인류의 글로벌스탠다드다.
 이 질서를 일본 아베총리가 한마디로 깼다.
 "침략의 정의는 국가 간의 관점…?" 그 횡설수설에 세계는 실망했다. 돈과 기술의 나라 제패니즈를 초라하게 만들어 버린 것이다. 군국주의 노안老眼수술, 그 메스는 없는 것일까. 뭉크는 지는 해에서 '절규'를 들었다고 했다. 日本歷史人物 드라마를 보면 조선 침입에 참패한 도요토미 히데요시의 별명은 오사루였다. 전쟁을 반대하던 백성들이 붙여 준 애칭이다.
 일본 하면 떠오르는 상반된 이미지가 있다. 가미가제, 나비부인, 노벨문학상, 설국雪國, 그리고 후지산과 쓰나미다.
 70년대 동경대학 연구교수로 있던 남편 따라 잠시 머물면서 내가 본 일본 사람들은 친절하고 예의바른, 그래서 기분 좋았던 기억이 지금도 남아 있다.
 일본은 유치원 때부터 남에게 폐를 끼치는 사람이 되지 말라고 가르치고 있었다. 길에서 어깨만 스쳐도 '스미마센'을 노래같이 말하는 사람들, 조상들의 침탈역사를 부끄러워하는 교육계

인사들, 분명 허상은 아닐 것이다. 그 지식인들의 불안은 정치인들의 무지한 오만이었다. 적어도 일본 국민들은 21세기 실존의 법칙을 알고 있다. 그들도 우리도 무역경제국이 아닌가. 15억 중국 국민을 폭발케 한 「Made in japan」 불매운동을 기억해야 할 것이다.

세기 전 일본의 침략전쟁 명분은 '아시아평화', 귀신도 웃어버릴 괴변이다. 그렇다면 미국의 영토 하와이 진주만 공격은 뭔가? 심각한 논리의 색맹이다.

〈무기여 잘 있거라〉 미국소설이다.

일본 「평화헌법」은 2차 세계대전 전범국가의 이미지를 쇄신시키는데 단단히 한몫을 해냈다.

일본국민의 과반수 이상이 헌법 개정 반대시위를 하는 이유다. 정치가의 꼼수가 백성을 운명하던 시대는 끝났다.

NHK-TV 대하드라마 〈오싱〉은 전 일본인을 울게 한 하시다 스가꼬의 소설이다. 추위와 허기를 극복해 가는 여주인공 오싱은 일본의 가난했던 시대의 모델이다. 경제번영 속에서 일본병 증후를 보이는 젊은 세대에게 경종을 울리던 시대소설이다. 아베신조의 소년시절, 그의 진구를 만나보고 싶다. 지금의 모습은 아니었을 것 같다. 인물은 좋지 않은가?

"정원사는 묘목이 푸른 싹을 내밀면 꽃과 열매를 맺을 날이 오리라는 사실을 안다." "할 마음과 능력이 있어도 무슨 일을 할지 모른다." 일본은 알기 바란다.

인간은 하고 싶은 일을 하고 가고 싶은 곳을 간다. 그러나 인간이란 자연이 가리키는 길로 반드시 돌아올 것이다. 시와 진실의 잠언이다.

 칼을 두드려 보습을 만들고 세계가 하나의 경작지에서 열매를 거둘 수 있는 세상이 오기를-. "보기에 좋았더라." 신의 소리를 듣는다.

 오늘도 강남 거리에는 수많은 사람들이 시선을 주고받으며 걸어간다. 영화 〈아무르〉, 카페 창에 비친 나를 본다. 아베상 오겡키데스카…?

긴자의 가을

긴자에는 가을비가 내리고 있었다. 큰길에서 돌아앉은 골목에는 불빛이 축축한 간판들이 보였다. 빨간 노렌이 달린 집으로 들어갔다.

"이럇샤이-." 밤색 네마끼를 입은 종업원이 무릎을 꿇고 앉아 미닫이문을 열어주었다.

"어, 윤 선생-, 부인 반갑습니다."

정한모 시인은 퍽 유쾌해 보였다.

"윤병로 선생과 저는 동경대학 같은 연구실에 있습니다." 명함을 받았다.

"이 집은 덴뿌라 전문으로 유명합니다."

대나무 그릇에 사뿐히 실려 나오는 덴뿌라와 사케의 스무디한 빛은 긴자의 가을을 채색해 주었다.

"부인의 동경 초행을 위하여~."

홀에는 취해 가는 도쿄인들의 콧노래로 떠들썩했다.

우리는 객지의 거리를 걸었다. 우산을 받고 총총히 걸어가는 일본사람들의 게다소리, 그 차갑게 흩뿌리는 가을 빗속으로 긴자의 밤은 지워져갔다.

정 선생님은 젊은 부부의 타국생활을 늘 염려해 주었다. 덕분에 유명한 식당을 섭렵할 수 있었다.

정한모 시인은 우리가 나가는 한인교회도 종종 들려 한식을 나누며 담소를 즐겼다. 그 곳은 오가는 한국 사람을 통해 국내 소식을 들을 수 있는 유일한 장소니까. 어느 날은 문덕수 시인도 들러 갔다. 그렇게 반가울 수가-.

히비야고엔[公園]에 낙엽이 지면 긴자는 겨울옷으로 갈아입는다. 습관처럼 바람에 밀려다니던 긴자, 유난히 쓸쓸했던 송년을 보내고 새해를 맞았다.

정 선생 댁 고다츠에 둘러앉은 우리는 불고기와 두부전골, 코냑으로 향수를 달랬다. 지금도 그 때를 생각하면 떠오르는 초상화가 있다. 양 손에 파와 두부를 들고 민망해 하던 정한모 시인의 표정이다. 그렇게 정 선생은 손수 장을 보신 것이다. 객지에 있는 사람들을 위해서…, 그 이상 따뜻할 수는 없다.

귀국 후 그 분은 장관이 됐다. 그리고 멀어져갔다.

이제 쓰나미가 지나간 동경, 그 긴자의 가을을 그려본다.

1인 테이블

글로벌 리듬은 요리문화 리듬도 바꿔 놓았다.
 '밥상만큼 따뜻하고 감칠맛 나는 행복한 낱말도 없을 것이다.
 밥, 국, 찌개, 전골, 구이, 나물, 전, 김치…, 그것은 한 상에 둘러앉아 먹고 마시는 가족 커뮤니티다. 마주하는 얼굴을 통하여 건강과 안녕을 볼 수 있다.
 아침에 밭에 나가 석양에 돌아오는 농촌 사회의 정경이다. 지금도 그 향수를 향유해 보려고 노력하지만 쉽지가 않다.
 문제는 직업의 다양화다. 들고 나는 시간이 달라졌다. 진열장 같은 밥상이 그 누군가에겐 고역이 될 수도 있다.
 며느리도 일하는 시대, 신속 정확을 생명으로 하는 디지털 시대다.
 "내 끼니는 내가…," 어머님의 말씀이다.
 식문화가 다양해짐으로 메뉴도 시간도 맞춤시대가 온 것이다. 먹고 싶은 메뉴, 시간, 리듬이 변했다. 상황을 모르고 '밥 먹어라' 했다가는 아이한테도 혼나는 세상이 됐다.

70년대 도쿄였다. 퇴근길 오데마치 전철역 식당가는 샐러리맨으로 붐볐다. 늘 식당 안은 깔끔하고 간결했다. 신기한 것은 혼자 앉아 맥주잔을 기울이며 식사를 하는 사람들이 많았다. 멋있어 보였다. 도시의 실용주의와 고독, 그 혼재된 여운이 주는 낭만이랄까. 또는 복잡한 관계를 내려놓고 사는 도시의 템포인가…, 이제는 우리 주변에서도 흔히 볼 수 있는 자연스런 풍경이 되었다. 1인 테이블은 세계적인 추세다.

내가 원하는 시간에 내가 원하는 음식을…, 요즘 젊은이들의 식사 스타일이다.

'나만의 요리'를 선보이는 남자들, 그 매력이 부각되어지고 있다. 스타들의 인기에도 한 몫을 한다.

이탈리아 요리사 '파울로 데 마리아'는 아버지가 요리하는 모습이 좋아서 늘 주방 구경을 좋아했던 어린 시절 추억 때문에 요리사가 됐다고 한다. '음식 한 접시에 담긴 문화의 힘으로 세계를 크루즈 한다'고….

냉면과 짜장면은 사 먹는 것이 맛있다. (요리과정상-)

우리 가정음식의 대표는 김치다. 문제는 전통김치의 복잡한 과정이다. 우선 시간에 쫓기는 현대 여성들에게는 무리다.

대만에 있을 때다. 김치를 살 곳도 없고 생각 중에 오이를 사 왔지만 더운 곳이고 비료는 어떤지 해서 물에 소금을 살짝 넣고 끓여서 오이에 끼얹고 찬물에 씻었다. 개운했다. 길이를 5cm정도의 네모로 썰어서 고춧가루, 소금, 마늘, 생강, 파 순서로 넣고 버무렸다. 독이 없어서 빈 맥주 캔에 담았다. 유난히 아삭했던 오이김치 맛과 기뻐하던 유학생들이 생각난다.

요즘은 소화에 좋은 브로콜리 김치 담그는데 재미를 붙였다. 무와 배추 맛이 복합된 브로콜리, 발효식품 김치로 만들어 보면 어떨까. 그 시도는 성공이었다. 브로콜리는 끓는 물에 3초 정도 점프를 시켜서 찬물로 헹군다. 밤톨 크기로 썰어서 그릇에 담고 고춧가루, 홍고추, 소금, 마늘, 생강, 파를 넣고 잘 섞어서 통에 담는다. 그리고 간을 생수로 조절한다.

양배추도 한 입 크기로 썰어서 양파채, 고춧가루, 속만 넣고 담근다. 산뜻하고 시어지지 않는 게 특징이다.

위 재료는 다듬고 씻고 절이고 또 씻고 하는 온종일 과정을 생략, 그래서 밥이 뜸드는 동안에 뚝딱 만들 수 있는 김치다. 그러나 맛과 영양, 건강 만점 쾌속김치다. 손수 김치를 담그는 신세대, 그들의 패션만큼 매력 포인트가 올라가지 않을까.

명절이 많은 겨울에는 살짝 보쌈김치도 만든다. 이미지 때문이다.

외국 친구 집에 갔을 때다.

"신선로와 구절판은 어떻게 만들지?" 나는 간단히 알려 주었다. 우리의 전통 잔치 요리다. 그 섬세한 색채와 맛은 그대로 시詩다. 이국땅 그 파티에 인기 짱이였다고….

말은 안 통해도 맛있는 음식은 친구를 만든다. 요리는 그 기본을 알면 쉽다. 생략의 맛이다. 밥과 김치가 주식이 된다면 기타 기호음식은 즐거운 요리문화 산책이 될 것이다.

요즘 뜨고 있는 신세대의 거리, 압구정로 건너편 '가로수길'에는 가볍고 산뜻한 맛집이 늘어가고 있다.

맞춤시대의 요리는 진열장식 밥상이 아니고 기호식 메뉴 어드벤처다. 그것은 맛있는 휴식이다.
나만의 요리는 엔돌핀, 자유로운 레시피다.

작품 구성의 리듬

긴 여행에서 돌아왔을 때 시간의 거리가 있어도 지워지지 않는 영상 그 색채, 음악이 있는 식탁에서 나는 비로소 필筆을 들게 된다.

문제는 그림이 너무 크게 그려지려는 것이다. 머리가 화폭 밖으로 나가는 구성의 오류 그 긴장, 그리고 언어설계의 탄력과 이미지의 함축, 청각 이미지를 시각 이미지화하는 언어 시각의 한계를 극복해야하는 것이 가장 큰 어려움이다.

괴테의 〈이태리 여행일기〉를 보면 늘 화가를 동반했다고 했다. 역시 묘사문제였다고 한다. 남부의 피란하늘과 낭만 칸쏘네, 그리고 거대한 조각, 역사의 색채를 글로 형상화하는 일은 결코 쉬운 일이 아니다.

특히 표출하고 싶은 주제가 간결한 생활언어로 조각 됐을 때 글 쓰는 묘미를 느낀다. 글을 쓴다는 것, 그것은 그 누군가와 이야기를 나누고 싶다는 사람들의 잠재의식 때문이 아닐까.

어머니가 늘 하시던 말씀이 생각난다.

"내가 살아온 이야기를 글로 쓰면 열 질 책은 될 거다."
 구운몽 이야기책을 좋아하시던 어머니는 라디오에서 흘러나오는 양주동 선생님의 민담을 들으며 그렇게 감탄을 하셨다.
 "어찌 저리도 눈에 선하게 그린 듯이 이야기를 할꼬……."
 어머니의 감성을 물려받은 것일까. 나는 어려서부터 유난히 책을 좋아했다. 그때는 세련된 문고 전집이 없었기 때문에 책이면 마구 읽었다. 표지가 떨어져나간 탓도 있지만 청소년, 성인물 등급 표시가 없을 때니까. 대개는 저자가 누군지도 모른 채 그냥 재미있어서 밤을 새워 읽었다.
 덕분에 신문사 산문 모집에 입선, 그때 글을 쓰는 기쁨을 알게 되었다. 담임선생님이 그렇게 좋아하셨는데-.
 다행히 잡독 중에도 세계명작이 있어서 〈장발장〉, 〈올리버 트위스트〉, 〈팡세〉 그리고 헉슬리의 〈허영의 시장〉은 내가 사회인으로 살아가는데 큰 모티브가 되었다.
 물론 이광수의 〈흙〉, 〈상록수〉(심훈), 〈청춘극장〉(김래성)과 박계주의 〈순애보〉는 작가를 동경하게 했고 사회를 보는 눈과 휴머니즘 그리고 국제적 시각을 열어 주었다. 나는 글을 쓰기 전에 오랫동안 사회활동을 했다. 세상을 보다 넓고 깊게 볼 수 있게 된 것이다.
 나는 글을 쓸 때 먼저 주위를 정돈하고 클래식 채널을 고정시켜놓고 차를 마시며 침대에서 머리 속에 그려놓은 구성을 유리창문에 투시해 본다. 그리고 단숨에 써 내려간다. 그것은 글의 리듬을 유지하기 위해서다.
 나는 여행지에서 메모를 하지 않는다. 그저 이국의 하늘을 보고 사람을 보고 해변의 물, 모래를 만져보고 낯선 꽃과 음식을 즐긴다. 맛과 향기에 가슴이 터지도록 벅찬 감성은 촌스런 나만의 것이니까. 객관화되기까지는 시간의 거리가 필요하다. 수십 년이 지나도 기억에 남아 있는 것, 강한 인상 즉 필요한 것만 형상화함으로 자신의 추억과 환상이 결합될 때, 개성 있는 작품이 창조되는 것이다.

"네 글에는 네 음성이 들려." 이 말을 들을 때가 가장 즐겁다. 간결하고 섬세한 문체도 좋지만 작가의 육성이 들리는 명암의 콘트라스트가 있는 살아있는 글이 좋다. 관념적, 미적언어에 너무 매달리는 글은 종이꽃 같다.

나의 추억과 음색이 들리는 글이 명주실처럼 풀려나올 때 혼자만의 재미를 즐긴다. 탈고 후에 오는 뿌듯한 허기. 그때 먹는 브로콜리 스프와 보랏빛 플럼잼을 듬뿍 바른 흰 빵은 천국 맛이다.

천재 예술가 살바도르 달리는 요리사가 꿈이었다고. 열기와 향기가 있는 부엌은 창작의 영감을 주는 신비한 공간이었다고 그는 회상한다. 그의 초현실주의 작품, 치즈가 녹아내리 듯 흐물흐물한 시계도 어릴 적 부엌의 식품에서 받은 연상 선에서 나온 것이라고 한다. 사람이 있는 모든 공간은 예술이다.

언어도 패션이다. 다채롭게 변해가는 사람들의 일상을 오늘의 언어로 담백한 문체로 재미있게 형상화 해 나가는 것이 얼마나 어려운 작업인가 그것을 쓰고 싶다.

박은혜 교장 선생님의 추억

막이 올랐다. 조명을 받으며 잔 다르크가 등장했다. 무대는 근사한 긴장감을 주었다. 여학생들이지만 주어진 배역을 무리 없이 잘 소화해 냈다. 연극은 성공이었다.

여학교 강당에서 세계적인 대작을 연출, 시도할 수 있었던 것은 박은혜 교장 선생님의 여성교육에 대한 남다른 열정 때문에 가능했을 것이다.

50년대는 기성 연극이들도 경제적 결핍 때문에 의상 분장과 무대장식에 어려움을 겪었던 때다. 박 교장님은 그렇게 힘들었던 사회 여건에서도 학생들의 문화예술 신장을 위하여 교정에 새 강당을 짓고 영화 상영까지도 할 수 있게 해 주셨다. 그때 우리는 〈삼손과 데릴라〉, 〈쿠바디스〉, 〈푸른 화원〉 등 다양한 명화를 학교에서 볼 수 있었다.

지금 생각해도 상당히 앞서 간 청소년 영상문화 예술정책이었다. 공부 외에도 우리들의 정서지수까지 높이는 데 주력하신 교장선생님께 세월이 갈수록 감사한 마음이 깊어진다.

단성사 등 기성극장에 단체로 가서 보여 준 이태리 영화 〈내일이면 늦으리〉, 〈조춘早春〉 등의 영화는 사춘기 여학생들의 첫사랑을 알게 해 주었다.

낙엽이 지는 가을, 정동 골목은 아름답다.

10월 합창연주회가 열리는 저녁은 입장표를 구하지 못한 주변 남학생들의 해프닝도 심심치 않았다. 그 날은 훈육 선생님들이 뜨는 날이었으니까.

그렇게 멋있는 교육현장에서 성장한 경기여고 동창들은 추억도 풍요하고 레퍼토리도 많다. 지금도 모이면 〈유랑의 무리〉, 〈비엔나 숲 속 이야기〉, 그리고 〈젊은 날의 추억〉을 합창할 수 있다. 그것은 영원한 소녀들의 코러스다.

그때 안익태 선생님을 초빙하여 연주회에서 들은 〈코리아 환상곡〉은 지금까지도 그 역동적인 울림이 남아 있다. 그것은 우리가 애국가를 가슴으로 부르게 된 계기가 되었다.

박은혜 교장님은 졸업식을 앞둔 고3 교실을 손수 찾아다니시며 사회로 나가는 학생들에게 당부의 말씀도 잊지 않으셨다. 사회의 편견을 의식하지 말고 능동적으로 살아가라는 요지였다. 조각 같은 미모와 예리한 지성이 은빛 안경 너머로 반사되었다. 유리창 밖으로 아직은 잔설처럼 차가운 매화꽃 봉오리가 보였다.

세월이 가고 내가 첫선을 보게 되었을 때다. 신랑감이 완고하니 치마저고리를 입고 나오라는 전갈이 왔다. 기가 막힌 일이다. 그때 박은혜 교장 선생님의 말씀이 생각났다. "여러분이 졸업하고 사회에 나가면 맞선을 볼 기회도 옵니다. 명심할 것은 여자는 남자에게 선을 보이려고 나가는 것이 아니고 신랑감을 보러 나가는 것입니다. 고로 고개를 들고 상대를 잘 살펴봐야 합니다."

여성교육의 선각자다운 말씀이다. 올바르게 생각하고 발전하는데 힘이 되었다.

제기동에 있는 박 교장님 댁은 어느 서양의 농가처럼 소박했다. 상추와 봉숭아꽃이 핀 마당에는 닭과 강아지가 놀고 있었다. 댁에서 뵌 교장선생님의 인자하신 인상이 지금까지도 긴 여운으로 남아 있다. 자상한 어머니 그 모습이다.

맏따님 숙원이는 오영자와 내가 사는 신당동까지 자전거를 타고 놀러 왔다. 우리는 중학교 1학년 때 한 반이었다. 청구 초등학교 운동장은 넓고 시원해서 자전거 연습하기 좋았다.

우리 동기들은 지난 5월 스승의 날에 중학교 때 은사님들을 모시고 점심을 대접했다. 7-80대의 연령과 관계없이 11분 모두 건강하셔서 또 한 번 우리에게 귀감이 되는 말씀을 해 주셨다. 과연 그때 그 시절 경기여고 선생님들의 높은 인격과 실력을 실감할 수 있었다. 스승과 제자의 관계는 근 반세기의 세월도 뛰어넘을 수가 없었다.

이제 경기여고 100주년 기념행사를 준비하며 그분의 음성을 듣는다.

"최고의 학교, 최고 여성임을 잊지 마시오."

태양의 윙크

바람과 숲 사이로 태양이 윙크를 한다.

나뭇잎과 꽃들이 일시에 화색이 돈다. 윙크는 모든 사물의 원색을 튀게 한다.

바람에 휘말려 올라가는 치맛자락을 살짝 누르며 한 눈을 찡긋하는 먼로의 윙크는 그야말로 모든 남성들의 오 솔레 미오!!

모처럼 국내 맛 여행을 했다. 순천만 꼬막정식으로 시작해서, 남해의 멸치회무침, 튀김, 탕까지 한상 그득한 해안의 별미는 낯선 대로 그 자유로운 식객의 낭만에 젖어들게 했다. 무엇 하나 부족함이 없이 깨끗이 정돈된 리조트에서 비바람이 치는 어창旅窓을 내다보며 따끈한 민트차로 몸을 풀며, 그대로 폭신한 잠에 빠져들었다.

이번 여행의 정점은 '독일마을', 간호사와 광부들의 삶과 사랑을 담은 마을! 고국땅 끝자락에 한 줄기 햇살을 의지하고 여생을 보내는 고즈넉한 마을엔 안개비 사이로 주황빛 태양이 잠깐 잠깐 비쳤다. 그 곳은 그들이 살던 고향마을은 아니겠지. 그들에게 남해는 또 다른 타향이 아닐까. 한국의 가난, 그 무거운 짐을 대신 지고 이국만리異國萬里, 아무도 안 내려 가는 갱도 1000미터…, 잊어서는 안 되는 고마운 사람들, 석양에 내리는 빗물에 젖은 풀꽃지붕이 더 외로워 보이는 것은 왜일까. 독일마을 푯말 앞에서 사진을 찍는 얼굴엔 빗물인지 눈물인지 흘러내리고 있었다.

존 키츠의 나이팅게일에 바치는 송가頌歌,

그 어느 노래 서린 너도밤나무 속의 무수한
그림자 점 박힌 나무 잎새 속에서
이처럼 목청 떨쳐 가벼이 여름노래 부르고 있거든…

낭만적 슬픔을 뒤로 하고 시원하게 닦아 놓은 해변 고속도로를 타고 들어오는 파란 바다를 향하여 기도를 띄운다. 오늘을 있게 한 그들에게 감사와 축복을….

거침없이 삼천포를 달려서 거제를 거쳐 부산 해운대, 금빛 햇살이 쏟아져 내렸다. 외국 휴양지를 방불케 하는 모던 아트 빌딩들이 눈이 부셨다. 완전 꿈이다.

영화 '국제시장'을 보며, 온 국민이 온몸으로 울었는데….

꽃피는 동백섬에 봄은 왔건만
형제 떠난 부산항엔
갈매기만 슬피 우네.
~ ~ ~

돌아와요 부산항에
그리운 내 형제여~

웃어도 저변을 흐르는 슬픔, 지금도 6.25 상처를 안고 살아가는 국제시장 사람들이다.
제 2차 대전이 배경, 'Rick Cafe'에는 언제나 프랑스 애국가 '라 마르세에즈'와 독일국가 '라인 강의 수비'가 격하게 맞붙어, 목청이 터지고 지붕이 들썩거렸다.
그 유명한 영화 '카사블랑카'에 주인 '릭'으로 나오는 주인공 험프리 보가트, 그의 커다란 눈은 비구름에 가려진 보이지 않는 윙크다. 죽도록 사랑하는 프랑스여인의 행복을 위해서, 지뢰터널 같은 모로코를 탈출할 수 있는 마지막 비상구, 그 티켓을 독일의 수색망에 걸려 있는 그녀의 남편과 함께 비행기에 태운다. 카사블랑카, 그 안개 속에 멀어져가는 두 연인, 잉그리트 버그만과 험프리 보가트의 눈빛은 "그대의 눈동자에 건배를…" 명대사와 함께 세계에서 가장 슬프고 아름다운 이별 장면으로 긴 여운을 남겼다. 누구의 빛이 된다는 것, 험프리는 미남은 아니지만 여성들에게 가장 인기 있는 남자다.
시크릿 이미지의 나라 모로코-, 드높은 패스블루 하늘, 별, 사막, 그리고 고깔모자가 달린 발목까지 내려온 망토를 두르고 다니는 사람들이 그렇다.
기다림의 상징, 부산의 영도다리는 도개교跳開橋다. 배가 지나갈 때 다리 중간이 들리는 다리다. 그것은 눈꺼풀이 치켜 올라가는 이치를 응용한 과학 기술이다. 그 유명한 고흐의 '아를르

도개교'는 지금도 남프랑스 아비뇽의 눈부신 노란 풍광 속에 놓여 있다. 도스토옙스키 작품 배경이 된 상트페테르부르크 네바 강에 있는 궁전 다리도 도개교다. 그 곳은 러시아의 베니스다.

이번 남쪽 바다 여행은 이별의 부산정거장을 뒤로, 양산에 들러 신라의 역사 문화 예술 전성기를 보고, 언양 떡갈비의 부드러운 석쇠구이 맛을 만끽하고, go~go~ 서울로 향했다. 독일 아우토반이 부럽지 않은 한강의 기적을 일으킨 고속도로, 바람과 빌딩숲 사이로 태양이 윙크를 길게 날린다.

'인디언 썸머'가 흘러나오고 있었다.

◆평설

기억의 미의식

신 동 욱
문학평론가 연세대 명예교수

　저자 이명희 수필은, 읽으면 문장의 간결미와 함께, 우리가 살아가는 길가에 계절따라 피어난 꽃들의 향취가 느껴진다.
　'기억의 조각을 퍼즐해 본다. 흐린기억, 조연현선생님은, 나에게 가장 좋은 선물을 주셨다. 기분 좋은 착각, 나는 지금도 학생이다. 〈名士, 그 기억의 램프〉 긴 긴 세월이 흘렀어도, 신선하고 젊고… 월탄 은사님과 사제간의 정, 그 고명하신 가르침, 한국전쟁시, 소식이 끊겨 오빠를 찾아 나선 기차역에서 우연히 마주친 극적장면 묘사는 명작을 보는 감동, 〈그 해 최고의 날〉 '벼가 익을 때' 는 작품 그대로 한편의 시다.
　문장의 간결함은 그만큼 선명한 성품과 명석한 지성의 작용이라 생각된다. 여러 삶의 모습들이 별빛처럼 아름답게 고운 빛으로, 현재의 삶, 그 내적가치의 귀중한 요소가 되는 수필 미학이다.

◆평설

산뜻한 동서 문화의 향연에
−이명희 수필집을 읽으며

이 명 재
문학평론가 · 중앙대 명예교수

　일찍이 우리 삶에서 인간관계를 중요시한 맹자 못지않게 작가인 한스 카롯사 역시 인생은 만남이라고 설파한 바 있다. 필자가 모처럼 이명희 사백의 수필집 『행복이 드는 길』을 통독하면서 이런 말이 새롭게 생각났다. 사실 이 사백과는 30여 년을 수인사 정도로 뵈어오며 자주 문예지 등의 권두시나 칼럼들에서 스치듯 살피는 정도였다. 그것은 문단 선배이신 윤병로 교수나 소원한 학연 등에서만이 아님은 물론이다. 그러나 이번 수필집에 실린 작품들을 통독하면서 새삼 이 사백의 진가를 확인하는 데 이른 것 같다.
　처음에는 설면한 문사의 작품집에서처럼 사뭇 불안한 마음으로 읽어가게 마련이었다. 특히 출판사 측을 통해서 조심스럽게 청탁받은 평설 원고는 내용 전반이 탐탁지 않을 경우에는, 서로가 더없는 곤혹을 감수해야 하기 때문이다. 혹여 거칠거나 찝찔한 음식을 달고 맛있다고 평설자 자신과 독자들을 속일 수 없을 뿐더러 글쓴이의 면목을 배려하지 않을 수 없지 않은가. 각별한 사이가 아니라면 남의 소중한 작품집 평설을 되도록 삼가는 이유가 여기에 있다고 여겨왔다.

그럼에도 필자는 이번에 이명희 사백의 수필집을 퍽 유익하고 재미나게 읽으며 값진 만남이라고 생각했다. 모두 49편의 작품들을 단숨에 그냥 내쳐 읽기가 아까워서 귀한 텍스트처럼 음미하였다. 이틀 가깝도록 밑줄을 긋거나 정채 있는 부분들은 메모하면서 즐겼다. 이 사백이 지금까지 출간한 세 권의 수필집과 세 권의 시집은 왜 한 권도 탐독하지 못했던가. 오랜만에 이 사백의 삶과 문학을 새롭게 마주한 필자는 평설하기보다 독자들과 더불어 독후감 중심으로 대화를 갖기로 한다.

신선한 문장의 맛

이명희 수필의 매력은 우선 지성미를 곁들인 시원한 문장이란 점이다. 예술과 수필의 본질이나 글 쓰는 의미를 심도 있고 간결하게 표명한 머리말에서 보듯 그의 글은 짧으면서도 선명한 아포리즘적 메시지 전달이 일품이다. 아리스토텔레스 이래 문학은 역시 언어를 주로 한 예술이기에 무엇보다도 어떻게 표현하느냐 하는 문장적 특성이 눈길을 끈다. 흔히 말하는 주제적인 내용보단 기법적인 표현 면을 중시한 접근이다. 더욱이 글의 첫인상이라 할 서두와 짜임새 있는 마무리가 머리에 새겨진다. 여느 수필가들 경우와 다르게 퍽 공력을 들인 성과이다. 어쩌면

결 좋은 무늬의 구슬조각들을 엮어 만든 것처럼 빛나는 문채를 보여준다.

숲이 바람을 만나면 음악이 된다.
모든 음향은 예술이다. 시와 노래, 그 곳에서 문학의 산책로를 본다.
- 「장미와 그 왈츠」 서두

삶의 가치는 기쁨을 주는 것, 감탄은 그 존재 가치에서 오는 느낌표!다.
봄과 낭만은 시인의 감탄사!, Tie를 살짝 풀어 느슨하게 맨 시인의 낭만이 그립다.
- 위의 마무리

이런 문장은 시에 못지않은 응축법과 내공으로 다져진 보람이 아닐 수 없다. 면밀한 시각의 재구성을 꾀한 것이랄까. 후자는 더욱이 현상적인 계절과 내밀한 마음의 추이를 서두와 마무리의 상관성으로 짜임새 있게 이어놓고 있다.

봄은 추워도 겨울은 아니다. 꽃샘바람은 생명을 틔우는 봄의 소리다.
- 「봄과 에스프레소」 서두

봄은 추워도 꽃눈이 있다.
- 위의 마무리

또 다음의 보기는 작가 자신이 여행 때 챙기는 가방에 관한 글 가운데 시작 부분이다. 글의 서두는 단거리의 스타트처럼 작품의 성패를 좌우할 정도로 중요한데 남다른 접근이라서 눈길을 끈다. 우선 군말 없이 간결한 허두로 시작하여 속도감 있게 이어간다. 그러곤 과감하게 서양 작가의 편지를 들어 산뜻한 흥미로 풀어나가는 것이다. 여러 모로 모험적인 글쓰기 방법인데도 이 사백은 오히려 그 긴장감을 잃지 않고 거뜬히 성공하는 저력을 지니고 있다.

여행은 수필이다. 해서 작가의 여행 가방은 소소한 감동으로 채워지게 된다.
프로벨은 어머니에게 편지를 썼다.
"저는 건초로 배를 채우는 당나귀처럼 색깔들을 집어삼켜 배를 가득 채웠습니다."
여행은 색채를 갈아입는 것이다. 동서양의 하모니, 그 자유로운 색상은 마음의 경계선을 지운다.

- 「작가의 여행가방」에서

이명희 사백은 새 문체의 감상미학을 만난 듯 어쩌면 멀티미디어적 글쓰기의 본보기를 이룬 듯싶다. 참신한 서양 작가의 알맞은 정보를 곁들인 채 속도감 있는 리듬과도 걸맞은 터라서 글 읽기도 즐겁다. 이런 점은 요즘 스마트폰, TV, 영화, 스포츠 중계 등의 영상에 쏠린 세대를 활자세계로 이끄는 바람직한 방법이 되고 남는다. 언어를 통한 문학예술은 정년이 없다는 속성을 증명이라도 하는 것일까? 이 사백의 발상이나 감성은 숱한 세월의 흐름 속에서도 마냥 싱그럽고 풋풋하다. 그만큼 열린 마음으로써 스스로 젊은 세대들과 소통을 솔선한다.

거기에다 이 사백은 글에서 여느 문인들처럼 결코 강의하거나 훈계하지 않고 보여주기만 할뿐 나머지는 독자의 판단에 맡긴다. 그것은 그의 글쓰기가 따분한 세대의 자기중심의 연역적 서술을 버리고 구체적인 사물을 놓고 열린 자세로 더러는 자작시도 곁들여서 독자들과 소통하듯 귀납적인 자세 때문으로 파악된다.

천재음악가 쇼팽이 자신의 연주를 그대로 모방하는 문하생은 집으로 돌려보냈다며 작가는 「봄과 낭만 그리고 넥타이」에서 강조한다. 그리고 예술은 작품으로 말하므로 나날이 발전하는 시대의 흐름에 함께하기 위해서 젊은 세대와도 필의 호흡을 맞춰 나가야 한다고 주장한다. 그래서 어느 고등학교 교장선생 카톡 초대에 대한 답을 했다며 보여준다. -'크. ㅎ^^

동서문화 교류의 멋과 조화

이 사백의 글들은 동서양의 문화가 다채롭게 가미된 제목들부터 돋보인다. '그러려니…' '헌 것이 있어야…' 'a way, 스마일' '긴자의 가을' '名士, 그 기억의 램프' '슈즈리페어' '어머니의 기도' '첫사랑 연가' '가을의 그 칸타레(Cantare)' '행복한 오후' '엉경퀴와 흑맥주' 등. 으레 구태의연하거나 서구편향

성 아니면 품격을 떨어뜨리는 가벼움 같은 게 없이 발랄하고 아기자기하게 동서와 신구의 배합을 이루고 있다. 낯익은 외래어와 긴요한 외국어가 곁들여져서 글로벌시대에 걸맞다 싶게 저항감 없이 다가온다.

이번 수필집에 수록된 49편의 소재나 제재적 분포를 살펴보면 여러 모로 참고가 된다. 대체적인 글감은 해외문화 탐방 11편, 문인들의 교우록 8편, 가족의 수난과 전통관계 6편, 생활주변 이야기 13편, 그리고 기타가 11편으로 드러난다. 비교적 균형감 있게 고른 분포를 이루어 으레 글 태반을 신변적인 이야기로 채운 여느 수필가들 성향과는 차별성을 보인다.

상대적으로 비교적 많은 분포를 이룬 해외문화 탐방 기록은 중요한 내용들로서 돋보인다. 각 지역의 낯선 풍물을 대하는 호기심에 앞서서 다른 나라의 전통이나 문화를 우리와 견주고 참고해서 인상적으로 전하는 것이다. 세계 여러 지역을 직접 발로 찾아다닌 견문록들은 기행문 이상의 가치를 지닌다.

그의 수필에는 특성 있는 문장에 못지않게 흥미로운 문화정보를 얻어 유익하다. 곧잘 동서양의 문학작품을 비롯해서 음악 미술 연극 영화 등에 걸친 명작들을 적절한 대목에 활용하여 효과를 거둔다. 이를테면 「엉겅퀴와 흑맥주」에서는 옛 전쟁 때 적병을 물리치는데 엉겅퀴 가시가 결정적 역할을 해서 스코틀랜드를 구한 그 나라꽃을 월터 스콧의 소설 '아이반호' 등으로 객관적 상관물화해 보인다. 그리고 흑맥주는 아일랜드의 상징으로서 예이츠의 시와 J. 조이스의 소설까지 곁들인 이미지를 문화콘텐츠화하여 흥미를 북돋운다.

「봄과 낭만 그리고 넥타이」에서는 해외여행에서 사온 기념품을 작가 부부가 조병화 시인께 선물하면서 곁들인 넥타이의 유래가 재미있다. 프랑스어로는 '크라바트'라고 하는 넥타이는 원래 크로아티아 여인들이 멀리 출정하는 용병들에게 무운장구를 비는 징표였던 것이다. 그런데 결국 17세기에 사열 받는 크로아티아 용병들의 목에 두른 그 스카프를 본 루이 14세가 애용함으로써 유행하기 시작했다는 것이다.

사람은 예술이고 국가브랜드의 변주곡'이라는 견해를 지닌 이 작가가 유럽여행에서 건져낸 「카페 프랑스」의 내용에서도 마찬가지이다.

> 허술한 포도밭이었던 몽마르트에 작은 카페가 들어서면서 1820년 무렵부터 문화예술인의 언덕이 되었다.
> "산 자와 죽은 자가 함께 모여 노래하는 곳." 하이네의 시를 통해 열악했던 당대의 사정을 짐작할 수 있을 것이다.
> 콩코드 광장 중심으로 둥글게 퍼져 나간 고전 건물은 창문마다 에피소드가 있다.
>
> ―「카페 프랑스」 중에서

이제는 세계의 명소가 된 파리의 몽마르트 언덕 경우처럼 우리도 그렇게 했으면 좋겠다고 그는 말한다. 전후의 문인들 보금자리였던 명동의 문화적인 보존과 한국문인마을의 출현을 기대하는 것이다.

해외에서 취재한 글 다음으로는 국내의 여러 문인들과 오가며 사귀고 지낸 이야기들이 호기심을 자아낸다. 1960년대나 7, 80년대에 문인들이 서로 집에 초대받고 왕래하던 모습을 적은 글들이다. 윤병로 교수 내외분과 함께한 예의 「가던 길 앞에 있네」「겨울초대」「시인의 선물」에는 아기자기한 체취가 담겨있다. 여기에는 당대의 내로라하던 문단들의 모습과 다정한 대화들이 선하게 다가온다.

평소 "문학보다 생활이 먼저네.…"라면서 신접살림 하는 제자의 첫 아이 돌잔치에 들러 격려한 박종화 선생이나 이 사백을 문단으로 이끌어 준 조경희 선생만이 아니다. 새댁에게 야생화 나리와 뚝배기를 선물해준 조병화 시인과 동경에서 처음 인사했던 정한모 시인도 들어 있다. 더욱이 1960년대 어느 설날에는 휘경동의 조연현 선생 집에서는 여러 문인들이 당시의 정치한파까지 녹일 정도였던 것이다. 윤병로 교수 부부, 박재삼 시인, 이형기 시인, 정창범 평론가 등. 이런 당대 문인들 간의 상호 교유와 행적들은 앞으로 작가 작품 연구에 소용될 한국 현대 문단 이면사의 산 증언록이기도 하다.

이어서 위와는 달리 상대적으로 내밀한 가정의 수난과 가풍의 전래에 상관된 이야기도 눈길을 끈다. 할머니-어머니-딸로 이어진 음식솜씨 전수만이 아니다. 역시 6. 25전란의 북새통에서 당시 생사를 모른 가족 찾기의 곡절이 후일담 이상의 희비를 가른다. 당시 피난 속에서 서울-남원-대구를 잇는 이산가족의 행방은 극적인 만남과 즉음의 고비를 넘나든다. 「어머니의 기도」「비창悲愴」「그해 최고의 날」삼부작이 그것이다.

그 중에서 가족들이 따발총을 든 사내에게 끌려가던 도중 끙 끙 앓던 일곱 달 난 아이가 죽은 대신에 나머지 가족은 살아남은 대목이 극적이다. 가슴 아프고 애절한 마음을 어린 영혼에게 글로써 해원하는 고해성사라고나 할까.

'동이 터서 돌아오는 어머니의 품에는 아기가 안보였다. 올케 신발에는 이슬이 맺혀 있었다.
첫 아기를 잃고도 소리내어 울 수 없는 올케, 이웃에게 들키면 살아남을 수 없는 군인가족 리스트는 우리가 숨쉬는 것을 허락하지 않았다.
표시할 수 없었던 아기 무덤
'아기가 병이 심해 보이오.'
아기는 우리 가족을 대신해서 울었고 우리는 살아 돌아왔다.
가을비가 내린다. 차이코프스키의 비창悲愴이 흐른다.

― 「비창悲愴」에서

끝으로 생활 주변의 일을 다룬 글이 적지 않음은 물론이다. 표제작인 「행복이 드는 길」 역시 지혜의 향기와 빛깔이 점철된 글이다. 그 중에 몸집이 큰 알바트로스 바보새에게는 오히려 태풍이 축복이 되어 날아갈 수 있다는 이야기가 뇌리에 와 닿는다. 그리고 "매순간 숨쉬듯 불행을 느끼고 가끔 재채기하듯 행복은 온다."는 B. 럿셀의 말 못지않게 "행복이 드는 길은 사랑의 소로小路"라는 작가의 소근거림이 가슴에 꽂히듯 새겨든다. 거기에다 H. 헷세는, 아내가 싸울라치면 이젤을 들고 들판으로 나가서 그림을 그리며 온갖 시름을 잊었다는 지혜도 소중한 글이다.

물론 이 사백은 일상적인 삶의 주변 이야기를 쓰더라도「슈즈 리페어」경우처럼 동네의 구두 수선방 외로 국내나 세계 각국의 그것과 대비하는 시야를 드러낸다. 명동의 단골 아저씨는 20여 년 동안 반 평의 구둣방에서 일한 덕에 자식을 외국에 유학 보내고도 일을 놓지 않고 계속한다는 사실만이 아니다. 당시의 국내외 사정이며 미국의 슈즈 리페어 풍경과 달리 이스라엘과 페르시아 거리의 구둣방에서 공주처럼 높은 의자에 앉아 무릎 꿇고 구두 닦는 총각으로부터 음료수까지 대접받았다는 것이다. 또한「연탄난로」도 거실에서 뉴스를 듣던 중에 기름 값이 올라서 다시 연탄보일러로 바꾼다는 소식을 듣고 써낸 내용이다. 그 모티프로 시작한 걸 오래 전에 그 자신이 달동네 산모를 성금으로 도운 일을 고맙게 여긴다는, 미국에 이민 간 친구 어머니 소식과 일본의 난방식인 고다스로까지 연결하고 있다.

에필로그

이명희 사백은 열린 세계를 향한 우리 문화의식을 신선감 있는 문장으로 요리하듯 빚어낸 수필집을 독자들 앞에 내놓았다. 무엇보다 동서양 교류와 융합으로 새로움을 모색하는 진취성의 덕목을 담아낸 결정품이다.

다민족, 다문화 사회인 현대의 글로벌 환경에 걸맞게 동서고금의 문화정보를 종횡무진하게 활용하여 글 읽는 재미를 배가시킨다. 활달하게 펼치는 언어들에서 다채롭게 빛나는 글의 결과 더불어 때로는 진진한 글맛을 돋우는 향취도 함께하곤 한다.

　필자는 이번에 펴낸 수필집을 통해서 이 사백과 값진 만남을 가졌음은 뜻밖의 기쁨이며 행운이었다. 이렇게 소중한 주옥편을 묶어낸 수필집 출간을 축하하면서 이명희 사백의 건필을 빈다.

◆해설

행복한 삶의 미학적 스케치

이 태 동
문학평론가 · 서강대 명예교수

　미셸 몽테뉴가 처음 창안한 에세이, 즉 수필 장르는 르네상스 시대의 산물이다. 그는 에세이 형식을 통해 시와 소설이 요구하는 제약에서 벗어나 개인의 경험을 부끄러움 없이 명확히 나타낼 수 있는 글쓰기를 원했다. 그래서 우리가 수필을 '붓 가는 대로 쓰는 글'이라고 말하는 것도 그것이 어떤 일정한 형식에서 벗어나 자기 자신에 대해서는 물론 자신의 경험과 주변 환경의 여러 가지 현상에 대한 견해를 자유롭게 나타내고 있기 때문일 것이다.
　그러나 몽테뉴가 고전주의와 함께했던 문체와 사물을 보는 인문학적인 통찰력을 가졌듯이 수필가는 지적으로 성숙한 개성적인 문체와 사물에 숨어있는 아름다운 진실을 발견하는 눈을 가져야만 그의 글을 성스러운 '문학의 숲'으로 진입시킬 수 있을 것이다.
　이명희의 수필이 독자들의 시선을 끄는 것은 시에 가까울 정도로 압축된 절제된 지적 언어이다. 그의 언어는 지적이면서도 감성적인 색채를 짙게 담고 있기 때문에, 그것은 수필이라는 삶에 대한 그의 화폭을 그리는 물감으로 독특한 매력을 나타내고 있다.

그래서 어떻게 보면 이명희 수필에 씌어진 언어는 비극적으로 살다 간 독문학자이자 수필가인 전혜린의 그것과 비교될 수 있다. 전혜린 수필의 매력은 그가 전하려고 하는 뚜렷한 주제 의식을 구체화하기 보다 전쟁으로 피폐해진 사회에서의 가부장적인 억압의 굴레에서 벗어나 독일 뮌헨의 우수가 묻어 있는 이국적인 풍경을 자유롭게 그린 지적이며 세련된 그의 언어 감각에 있다. 이명희 수필의 많은 부분도 그가 여행한 유럽 여러 나라의 아름다운 풍경을 혼합된 외국어의 색채로 세련된 언어감각에 악센트를 부여하며 감동적으로 그리고 있기 때문이다.

> 콩코드 광장 중심으로 둥글게 퍼져 나간 고전 건물은 창문마다 에피소드가 있다. "저 파란 창문은 쇼팽이 살던 방, 생상과 엘가…" 예술가들이 머물다 간 자리는 지금도 세계적인 명품 쇼핑가이다. 카페에서 거장의 숨결을 느낄 때 행복하다는 말이 실감나는 현장이다./중략/
> 프랑스 문호 뒤마의 '몽테크리스트 백작'의 배경, 항구도시 마르세이유는 마침 시위행렬이 지나가고 있었다. 그들의 얼굴과 깃발은 자유롭고 밝았다. 분노가 없는, 그래서 소통의 카니발 같았다.
> ―「카페 프랑스」에서

알베르 까뮈의 '이방인'이 생각난다. 까뮈는 프랑스인 아버지와 스페인 어머니 사이에서 프랑스 식민지 알제리에서 태어났다. 그는 이방의 거센 바람과 태양, 그 갈등 구조 속에서 자유로운 영혼을 구가하며 상식적인 정서이탈자의 모습을 보인다. 태양이 눈물을 말린 것일까.

- 「FIFTY, 그 이방인」에서

여기서 주목해야 할 것은 그의 다채로운 언어가 모더니스트 시대의 통일된 근원적인 현실을 탐색하기보다 조각으로 분열된 불확실한 외부적인 현실 세계의 언저리를 구성하고 있는 부분과 부분과의 관계, 및 그것의 의미 구조를 형성하고 있는 네트워크에 관한 포스트모던 의식을 순수하게 나타내고 있다는 것이다.

이명희 수필집 『행복이 드는 길』은 짧지만 다양한 삶의 편린을 담은 40편이 넘는 독립된 글로 구성되어 있다. 그 중심적인 주제는 그의 언어와 구성에 나타난 모자이크 미학처럼 허무의 공간에서의 부분과 부분의 관계는 물론 분리되어 이방인으로 존재하는 개체와 개체 사이의 조화와 융합에 관한 것이다.

표제작인 「헌 것이 있어야 …」는 '헌 것이 있어야만 그것과 대조를 이루는 새 것이 빛이 난다'는 소박한 진리를 냄비 문화의 리얼리즘을 통해 키친을 배경으로 아름답게 형상화하고 있다. 누구나 알고 있지만, 잊고 있는 절대적인 질서를 '헌 것이 있어야 새 것도 있다'라는 잠언적인 말과 남다른 기지로서 독자들에게 새롭게 인식시키고 있는 것은 높이 평가할 만하다. 특히, 압구정동의 '구두 닦는 집' 안에 짝을 이루어 놓여 있는 헌 구두들의 풍경을 흑색 리얼리즘과 동화적인 터치로 그린 작품 「슈즈 리페어」는 목탄화木炭畵와도 같이 따뜻한 느낌마저 주고 있다.

이명희가 관찰한 부분과 부분, 부분과 전체와의 통합과 유기적인 관계를 향해 펼쳐지는 퍼스펙티브는 「1인 테이블」에서 보여주는 부엌의 요리 문화와 레스토랑 문화의 사회학(「FIFTY, 그 이방인」, 「명동 이방인」)에만 한정되어 있는 것이 아니라, 아이와 어른(「a way, 스마일」), 스승과 제자,(「가던 길 앞에 있네」) 문단의 선배와 후배 사이의 관계(「名士, 그 기억의 램프」)를 맺어 주는 사랑과 정의 끈으로 이어져 확대되고 있다.

그런데 이명희 수필집에 나타난 특색 가운데 가장 주목할 또 다른 하나는 그가 언어의 힘으로 잃어버린 시간의 바다에서 건져 올려 의식의 표면에 정지시켜 포개 놓은 행복한 삶의 풍경들이 아름다운 빛을 발하고 있다는 것이다. '밀레의 만종'을 생각나게 하는 어둠으로 저물어가는 우수의 가을빛과 차가운 겨울의 따뜻한 빛을 그린 그의 풍경화는 평범하지만 그 느낌이 진부하지 않고 새롭다. 그것이 서정적이지만 시적으로 절제된 언어 미학을 보여주고 있기 때문이다.

    가을의 노래는 슬픔과 기쁨의 블렌딩이다. 떨어지는 낙엽이 슬프고 빛나는 열매가 기쁘다.
    「즐겁지 않으면 인생이 아니다.」
    '린 마틴'의 저서가 생각난다. 참으로 어려운 얘기다. 이 가을….
    슬픔은 다시 볼 수 없는 사람을 그리워하는 것이다.
    '부재의 아픔이 —' '시치미를 떼고 잔잔히 웃고 사는……'
                  /중략/
    예술은 소리 없는 통곡이다. '남몰래 흐르는 눈물'의 호소력이다.

/중략/

"Don't cry for me."

십자가를 지고 가는 고통의 정점에서 예수는 말한다. 당신 때문에 예루살렘이 침울해지는 것을 원하지 않기 때문이다.(누가복음 23:27-28)

/중략/

미칠 것 같은 삶 속에서도 존재해야 하는 오늘이기에, 비극적 싸움을 털어버리고 램프를 켜 놓고 개암나무 가지가 곱게 물들어가는 가을을 노래하리라.

에비타의 노래를—.

- 「가을의 그 칸타레(Cantare)에서

눈보라 치는 어느 골목, 창 안에서 흘러나오는 노랫소리, 맛있는 음식 냄새, 반짝이는 트리, 그 창 밖에는 성냥팔이 소녀가 팔지 못한 성냥개비로 불을 켜서 꽁꽁 언 손과 볼을 녹여서 잠이 든다. 아! 따뜻한 벽난로, 촛불이 켜진 케이크, 맛있는 식탁, 그리고 그리던 할머니 품에서 소녀는 영원히 웃고 있었다. 19세기의 덴마크, 그 차가운 사회의 명암을 예리하게 드러낸 어른들의 동화다. 크리스마스는 예수 탄생일의 본질을 찾아가게 한다. 그래서 일까. 이웃사랑이 충전되는 계절도 추운 계절이다.

/중략/

어느 해 12월이었다. 바람에 눈이 날리는 날, 수수한 차림의 중년남자가 YWCA 현관으로 들어왔다.

"이웃을 돌보고 있는 곳으로 알고 찾아왔습니다."

그는 50만원을 전하고 돌아갔다. 크리스마스 이브이고 해서 어려운 사람이 생각났지만 개인적으로는 좀 쑥스럽다고 했다. 소년소녀 가장들에게 따뜻한 음식과 포근한 옷을 선물해 줄 수 있었다.
 구두쇠로 유명한 스크루우지도 주머니를 열고 예기치 못한 기쁨을 느끼는 축복의 날, 크리스마스가 있는 겨울은 아름답다.

-「겨울N 창」

 이명희가 독특한 언어 감각으로 발견한 "행복이 드는 길"은 슬프고 아름다운 계절, 가을과 겨울의 풍경에만 있는 것이 아니다. 그는 '삶의 정점'이 '행복한 오후'에 있다고 노래하며 하오의 흐뭇한 시간과 함께하는 행복한 느낌을 그의 독특한 언어로 시적으로 묘사하고 있다. 그가 여기서 세련된 시정詩情으로 그리고 있는 '오후'의 풍경은 우수가 깃들어 있지만, 그것은 "공간과 시각" 사이에 미학적 거리를 만들어 대상을 바라보는 즐거움을 더해주고 있다.

 마음이 있는 곳에는 에너지가 있는 것이 아닐까.
 줄기차게 내리던 비가 그쳤다. 보던 책을 덮고 거리 산책을 나섰다. 길이 조용했다. 공간과 시각視角은 비례한다. 방해받지 않는 시야확보를 위해서는 자동차와 사람 동행이 드문 오후가 좋다. 도시가 한 눈에 들어왔다. 교회, 빌딩, 패션, 상점 상판 그리고 노점풍경, 그 애환이 보였다.

/중략/

 햇살같이 지나가는 행복의 순간을 화가 모네는 그의 말년의 대작 '수련'에 담았다. 파스텔 블루, 그 색조에는 우수와 그리움이 녹아 있었다.

-「행복한 오후」에서

그러나 이명희는 '행복이 드는 길'로 인도하는 핵심적인 요소로서 사랑을 빠뜨리지 않았다.「삶과 그 사랑」에서 그리고 있는 사랑은 눈으로 나타나 보이지 않지만 부분과 부분, 부분과 전체를 연결해서 경합시키는 절대적인 요소일 뿐만 아니라, 가장 높은 행복지수를 가지고 있다는 것을 다시금 증명하며 강조하고 있다. 여기서 사랑에 대한 이명희의 이야기가 행복에 대한 다른 많은 이야기와 달리 진부한 담론으로 들리지 않고 새로운 의미로 다가오는 것은 시적인 이미지를 통해 말하는 독특한 그의 언어 미학 때문이다. 악센트가 있는 그의 언어는 램프처럼 그림자를 드리우면서도 우아한 지적인 빛을 발하고 있다. 그의 언어는 오랜 세월 폭넓은 독서, 치열한 사색 그리고 크리스천 스토이시즘의 수련으로 나타나는 아우라를 보이고 있기 때문이다.

순수수필 81

행복이 드는 길

이명희 지음

2016. 8. 20 초판
2016. 8. 30 발행

발행처 · 순수문학사
등　록 제2-1572호

서울 중구 퇴계로48길 11 협성BD 202호
TEL (02) 2277-6637~9
FAX (02) 2279-7995
E-mail ; seonsookr@hanmail.net

· 저자와의 합의하에 인지를 생략함
· 잘못된 책은 바꾸어 드립니다

ISBN 979-11-86171-31-8

이 책은 저작권법에 따라 보호받는 저작물이므로 무단전재와 무단복제를 금합니다

가격 15,000원